CAUSERIES

HISTORIQUES

SUR L'ILE DE LA RÉUNION

PAR

G.-F. CRESTIEN

Avec Préface

PAR

FRANÇOIS SAINT-AMAND

PARIS
LIBRAIRIE CHALLAMEL AINÉ
5, rue Jacob, 5
—
1881

CAUSERIES

HISTORIQUES

DIJON, IMPRIMERIE DARANTIERE
65, RUE CHABOT-CHARNY, 65.

CAUSERIES

HISTORIQUES

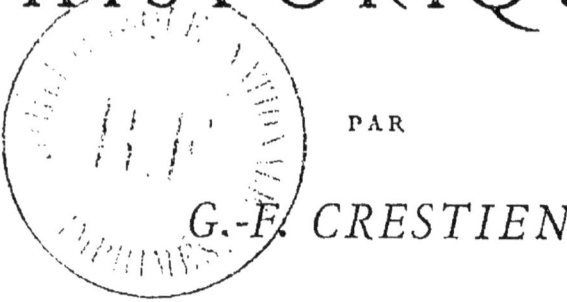

PAR

G.-F. CRESTIEN

Avec Préface

PAR

FRANÇOIS SAINT-AMAND

PARIS
LIBRAIRIE CHALLAMEL AINÉ
5, rue Jacob, 5
—
1881

PRÉFACE

*Charmant volume, allez, qui portez en vos pages
Le vieil esprit créole et toujours si français ;
Les choses d'aujourd'hui, les récits des vieux âges,
Trouvent auprès de vous un gracieux accès.*

*L'histoire de Bourbon tenta bien des courages ;
Plusieurs ont essayé ! Combien d'un plein succès
Ont vu jusqu'à ce jour couronner leurs ouvrages !
Ils sont toujours tombés dans l'un ou l'autre excès.*

*Le futur écrivain peut trouver en ce livre
Des documents certains, un bon exemple à suivre,
Le talent de narrer, ce charme souverain.*

*Au recueil du causeur que mon pays voit naître,
Salut ! En ses feuillets chacun pourra connaître
Notre île d'autrefois et celle de demain.*

DÉCOUVERTE DE L'ILE

PREMIER ÉTABLISSEMENT

L'ILE Margabyn, connue des Persans et des Arabes, au moyen-âge, fut découverte de nouveau par dom Pedro Mascarenhas, navigateur portugais, en 1543, dit Georges Azéma; en 1505, déclare Voïart; en 1545 d'après de Rosamel et les historiens qui ont accepté cette version, et en 1513 assure E. Pajot. J'adopterai cette dernière date comme étant la véritable. — Ce scrupuleux Annaliste n'a dû se décider à la fixer qu'après de longues et minutieuses recherches, et notamment appuyé de documents recueillis, dit-il, dans les ouvrages des écrivains portugais par M. Ferdinand Denis, bibliothécaire de Sainte-Geneviève. Du reste, M. Codine, ancien bibliothécaire à Saint-Denis, est aussi de l'avis de M. E. Pajot.

D'autres écrivains fantaisistes, voyageant dans le

domaine de l'inconnu, ont voulu identifier Bourbon avec une île imaginaire, connue sous le nom de Sainte-Apolline, et ont fixé cette date au 9 février 1545, jour de la fête de cette sainte. C'est là, d'après des écrivains sérieux, une fable que nous laissons aux voyageurs : Robinson Crusoë, Gulliver et autres.

La colonie a donc été découverte en 1513 ; elle porta d'abord le nom de Mascareigne, lorsqu'en 1642, M. de Pronis, agent de la compagnie française des Indes, l'occupa au nom du roi de France ; le lieu où s'accomplit cette formalité fut nommé la Possession en souvenir de la cérémonie faite dans cette circonstance.

En octobre 1649, M. de Flacourt, gouverneur de Madagascar, en fit de nouveau prendre possession par un sieur Lebourg, capitaine du navire le *Saint-Laurent*; il l'appela île Bourbon, ne pouvant, dit Flacourt, « trouver de nom qui pût mieux *quadrer* « à sa bonté et fertilité et qu'il lui appartînt « mieux que celui-là ; » les armes de France furent alors apposées au lieu dit le Grand-Etang, à Saint-Paul.

Le 6 mai 1671, M. Jacob de Lahaye, amiral, commandant une flotte de dix vaisseaux, portant le titre de *Vice-roy des Indes*, le même qui fut bloqué par les Hollandais ainsi que son escadre, dans Saint-Thomé, prit aussi possession de l'île pour la troisième fois.

Cette formalité eut lieu, sans doute, à Saint-Denis, à l'endroit où la pierre, en conservant la date, a été retrouvée, au bas de l'habitation créée par le commandant Regnault, peut-être sur l'emplacement même du gouvernement ou sur celui de l'hôpital militaire. Ce dernier immeuble, plus tard concédé à la congrégation des Lazaristes, a fait retour à la colonie en 1793.

Jacob de Lahaye arrivant et mouillant sur la rade de Saint-Denis, y rencontrant Regnault à son habitation, cette pierre trouvée près de la place d'armes, tout confirme cette supposition.

Gravée assez grossièrement en relief à cette occasion, elle est restée enfouie plus de 150 ans dans l'emplacement situé près du poste de la place d'armes; retrouvée, elle a été ensuite incrustée en 1823 dans le mur du bâtiment du gouvernement, en face de l'entrée, dans le vestibule où sont placés les deux escaliers qui conduisent à l'étage de l'hôtel.

La colonie conserva cette désignation de Bourbon jusqu'en 1793, époque à laquelle elle prit celle d'île de la Réunion, en souvenir de la réunion qui eut lieu le 10 août 1792, entre les Marseillais et plusieurs des bataillons de la garde nationale préposés à la garde des Tuileries, événement qui amena la chute de la royauté. Elle fut ensuite appelée, en 1804, île Bonaparte, reprit en 1814 son nom primitif de Bourbon; enfin en 1848, celui de la Réunion que lui avait donné la première république.

Le second empire, qui a porté la main sur les institutions coloniales surtout pour supprimer celles qui lui paraissaient libérales, enleva tout à la colonie, sauf son nom, qu'elle tenait de la Révolution, et qu'elle conservera, je l'espère, jusqu'à la consommation des siècles.

En 1665, un sieur Etienne Regnault, l'un des premiers commis de la compagnie des Indes, fut envoyé de Madagascar à Bourbon avec le titre de commandant; il est considéré comme notre premier gouverneur : de Pronis et de Flacourt n'étaient que des gouverneurs nominaux, n'ayant pour spécialité que celle de preneur de possession de l'île.

Il était chef d'un certain nombre d'ouvriers chargés par la compagnie des Indes de coloniser l'île que les rapports des malades venus de Madagascar pour s'y rétablir, dépeignaient sous les couleurs les plus favorables, un véritable Eldorado réputé pour la salubrité de son climat; les choses ont un peu changé depuis.

Parmi ces malades se trouvaient notamment les douze français, que Flacourt avait exilés de Madagascar à Mascareigne, en octobre 1646; ce gouverneur raconte d'après la description que lui firent ces déportés lors de leur rappel à Madagascar : « que l'air y est très sain et la température si douce, que débarqués dans le plus grand dénûment, n'ayant pour tous habits qu'un caleçon, un bonnet et une chemise de grosse toile, croyant y passer toute leur vie, ils supprimèrent sans inconvénient ces légers vêtements afin de ne s'en servir qu'en cas de maladie ou de blessure. »

Regnault débarqua à Saint-Paul avec vingt ouvriers, dont l'histoire coloniale n'a conservé que les noms de : François Ricquebourq, Pierre Hibon, Hoarault, Bellon, Fontaine, Macé, Baillif, Léger, Payet, Robert, Gruchet, Nativel, Cadet, Técher, Mollet, Déguigné, Aubert, Dennemont, Michel Esparon, moins le vingtième, peut-être le meilleur, dont le nom a disparu. Ces colons ont fait souche dans la colonie, et ont remplacé les gens de mer, forbans et autres, qui fréquentaient ces parages presque déserts.

Avant leur arrivée, l'île avait été habitée une première fois, en 1646, puis en 1654 par quelques colons envoyés de Madagascar, par de Flacourt; ils y firent un séjour plus ou moins long et l'abandonnèrent ensuite.

A l'époque du débarquement de Regnault se trouvaient déjà dans la colonie les nommés Delaunay, Gonneau, Laroche, Malet, Mussard, Rouloff, Payen et Touchard.

Regnault et ses compagnons s'établirent à Saint-Paul, d'abord derrière la propriété de M. Dominique de Laprade, sur les bords d'un cours d'eau appelé les Bambous, au sud-est de la ville, séparant cette propriété de celle de la famille Desjardins. Cette occupation première ou ce campement fut de peu de durée ; le charme de la verdure et le clair ruisseau qui avaient séduit de prime abord nos aventuriers, et décidé de leur installation, eurent bientôt leur inconvénient : le débordement de ses eaux envahit l'établissement naissant, et détruisit les cultures et les quelques cases en paille faites à la hâte. Nos colons allèrent se fixer ensuite plus à l'est, dans un endroit peu éloigné, sur un vaste terrain, à l'abri des inondations, dit *Quartier de l'esplanade*, qui s'étend de la rive gauche de la ravine la Plaine jusque derrière l'usine de Savanna.

Le quartier de l'esplanade peut être regardé comme le second établissement de nos ancêtres dans la colonie.

Plus tard, le besoin de se rapprocher de la belle rade de Saint-Paul qui commençait alors à être fréquentée par quelques navires, obligea ces colons à venir poser leurs tentes sur les dunes formant la ville actuelle.

A cette époque, elles n'étaient fréquentées que par des légions de tortues qui couvraient la plage.

D'après le voyageur Dubois, l'un des passagers, ou chirugien du navire le *Saint-Paul*, capitaine Carunel, de l'escadre du marquis de Mondevergue, qui a visité la colonie en août 1669, les tortues étaient en telle abondance sur le bord de la mer, que le soir le malheureux voyageur qui dormait à la belle étoile, sur la tiède couche des sables de Saint-Paul, en était incommodé au point de ne pouvoir se reposer, dérangé par le va et vient de ce nombreux troupeau d'amphibies à carapace.

Cauche, l'un des passagers du *Saint-Alexis*, capitaine Gaubert, venu à Mascareigne en juin 1638, rapporte que cette île est inhabitée et abonde en gibiers et en fruits; on y voit une grande quantité de poissons et de tortues. Les rivières sont si poissonneuses qu'au dire des voyageurs Duquêne et Dellon, visitant la colonie en 1668 : « La grande quantité de poissons fait chanceler ceux qui passent ces rivières à gué; que pour les traverser à pied on est obligé de s'appuyer sur un bâton pour ne pas choir par le nombre et la quantité de ces poissons que l'on prend à la main, sans avoir besoin de lignes ni de filets.

« Les gibiers sont en telle abondance, qu'il ne faut ni fusil, ni poudre, ni plomb, mais seulement une simple houssine pour les prendre. »

L'histoire rapporte que Regnault faisait de fréquentes excursions hors de son gouvernement; il n'avait pas abandonné son existence aventureuse; il quittait souvent le climat salubre de Bourbon pour celui empesté de Madagascar. Pendant ses longues absences, il fallait pourvoir à l'administration de l'île : l'homme a toujours besoin d'une autorité quelconque pour le guider malgré le besoin d'indépendance qui lui est naturel. Pendant ces voyages, le gouvernement était dévolu à celui que la notoriété publique désignait comme le plus sage et le plus capable.

A ce moment il faut placer le gouvernement patriarcal d'Athanase Touchard. Abandonnée de Regnault et sans administration, notre petite colonie le choisit pour diriger et pour faire rendre la justice.

C'est à l'occasion de ce choix, que l'histoire locale a donné à notre personnage le titre de *compère Athanase* que la tradition lui a conservé; Athanase Touchard est donc le premier président élu de la justice dans le pays. Il organisa une représentation de notables qui statuaient tant au civil qu'au criminel. Il choisit, en conséquence, un certain nombre d'habitants qui siégeaient nu-pieds et la *bretelle* (1) sur le dos, assis autour d'une grosse pierre plate que l'on voit encore sur le chemin du Tour-des-Roches, à trois kilomètres environ, à l'est de Saint-Paul; à l'arbre le plus voisin, et après jugement toujours rendu en matière célère, et sans appel, on pendait haut et court le criminel qui avait été jugé digne de la corde.

Un jour que nos législateurs *en bretelle* siégeaient

---

(1) Petit sac fait en vacoua qui se porte comme celui du soldat.

solennellement, il arriva une aventure tragi-comique qui peut trouver place dans cette causerie.

La grosse roche autour de laquelle se rendait la justice est située dans une propriété dite « Jardin Meven » appartenant aujourd'hui aux frères de Laprade, habitation qui borde la route du Tour-des-Roches ; au fond de ce jardin se trouve une cascade tombant du haut d'un rempart de 200 mètres, dans une ravine qui a pris son nom de la posture du délinquant, et de l'événement dont nous allons faire le récit.

Un jour de grand délibéré, un noir marron, un loustic, à ce qu'il paraît, s'amusa, soit par curiosité, soit pour narguer l'auguste assemblée, à venir regarder d'une manière étrange nos législateurs : il se plaça dans l'embrasure du rempart par où s'échappe la cascade quand elle jaillit, et là, se mit à contempler l'aréopage dans une posture indécente et peu respectueuse, en somme, à l'inverse du bon sens. L'on ne nargue pas en vain des parvenus au pouvoir : le curieux aussitôt aperçu, l'un des juges se détacha de l'assistance, et pour punir l'insolent, il prit son mousqueton. « Pour un chasseur qui tirait à balle les paille-en-queue, la chose n'était pas difficile, surtout lorsque l'homme fait cible. » Le créole fit feu, et le loustic tomba mort du coup.

Quel était son crime ? il était marron, en rupture de banc, et de plus, autre crime plus grand encore, il avait manqué au respect dû à l'assemblée des notables.

La ravine prit son nom de la posture du marron puni, nom que la décence ne me permet pas de transmettre à la postérité.

C'est dans l'administration provisoire de compère Athanase que fut établi le premier impôt de capitation, impôt bizarre que justifient ces temps primitifs. Voici à quelle occasion cet impôt a été frappé, dit la légende :

Les premiers habitants se plaignaient des rats qui dévastaient leurs plantations ; on avisa pour remédier à ce grand inconvénient. Sur l'initiative du compère Athanase, l'assemblée des notables étant pouvoir exécutif, obligea chaque habitant sans forme de droit de capitation, à justifier de la destruction de six rats par semaine, et par chaque tête de noir et d'habitant ; cette justification se faisait en forçant tous les colons à porter à la maison commune autant de fois six queues de rats qu'il y avait de personnes dans le domicile du contribuable ; ce moyen de destruction fut efficace.

Le compère Athanase Touchard était un homme d'un grand bon sens ; son avis était toujours demandé et écouté dans les délibérations des affaires litigieuses. L'assemblée présidée par lui était souvent embarrassée pour prononcer sa décision ; aussi, désirait-on savoir auparavant ce qu'il pensait, lui, dont l'opinion faisait toujours jurisprudence ; aussitôt qu'il avait parlé, chacun de répéter : « Je suis de l'avis de compère Athanase; » ainsi se rendaient les jugements. De là vient le dicton « faire compère Athanase, » c'est-à-dire être de l'avis de celui qui a parlé, et non, comme on l'a prétendu à tort, « être de l'avis de tout le monde. »

Terminons, par ce dernier coup de pinceau, le type de compère Athanase et de sa famille :

La famille Athanase Touchard dont le nom est resté à la ravine située à Saint-Paul entre la ravine d'Hibon et celle de Renaud, avait une certaine prépondérance dans la colonie naissante ; les gouverneurs étaient souvent en butte à la critique que les Touchard faisaient d'eux et de leur administration ; l'autorité n'aime pas, d'ordinaire, les hommes d'initiative qui pourvoient à son insuffisance, et font ce qu'elle-même devrait faire.

Aussi, voyons-nous relaté dans Pajot (page 25) un arrêt du conseil supérieur du 4 novembre 1727, rendu sous le gouverneur Dumas, arrêt qui prive Touchard et ses enfants de leurs concessions; cet arrêt est ainsi motivé : « qu'obligé de rechercher les fainéants, il compte parmi les plus condamnables Athanase Touchard et ses enfants. »

Le *vox populi* a vengé Touchard de la sévérité de ce jugement.

Le cas de Touchard est souvent celui réservé aux opposants sous tous les régimes.

Nous terminerons cette causerie un peu décousue

en fixant le sens véritable d'un dicton saint-paulois : Chacun connaît ce dicton : *filer dans les vavangues.*

Quelle en est la signification ? voici ce que rapporte à ce sujet la légende :

A l'époque où Mascarenhas aborda dans l'île, elle était couverte de vavanguiers; arbre fruitier de peu de valeur, originaire de Bourbon, le seul auquel M. Billard accorde l'indigénéité; cet arbre de huit à dix pieds de hauteur, couvrait le fond des ravines de Saint-Paul, et formait des taillis presque impénétrables dans lesquels on pouvait se réfugier aisément; chaque fois que Mascarenhas envoyait ses matelots faire de l'eau fraîche aux cascades de la caverne de Saint-Paul, ils allaient se cacher dans les vavanguiers; le célèbre navigateur avait toutes les peines du monde à les réunir; et aussi s'en plaignait-il et disait : « Ces gredins filent toujours dans les vavangues quand on les appelle. »

Voilà d'où est venu le dicton : dire que quelqu'un a filé dans les vavangues signifie : ne pouvoir mettre la main sur ce quelqu'un qui s'enfuit lorsqu'on le cherche et l'appelle.

RAVINE A MALHEUR

RAVINE A MARQUER

RAVINE D'HIBON

Depuis que les études sur les premiers temps de l'établissement de la colonie ont fait des progrès dans l'esprit des publicistes de ce pays, chacun s'est mis en quête de vieilleries historiques qui concernent Bourbon à l'époque de sa formation. On a fouillé, tourné et retourné à Versailles et à Paris les archives coloniales, écrites dans un style souvent incorrect mais original, ayant une couleur locale qui n'est pas dépourvue d'intérêt. De ces recherches va jaillir la vérité sur les origines d'un pays qui a eu à traverser bien des épreuves avant d'arriver à se constituer d'une manière régulière. Bien des points obscurs vont se découvrir, son histoire anecdotique est une mine à peine entamée; déjà E. Dayot, dans son *Bourbon pittoresque*, a commencé à lever un des coins du voile qui couvre les débuts de cette colonisation laborieuse, alors que le mauvais choix des agents d'une compagnie cupide contribuait à retarder son développement agricole et industriel.

Ce travail est à faire : l'anecdote dont nous voulons nous occuper se passe en 1671; M. Jacob de Lahaye, chef d'escadre, vice-roy des Indes, pendant la relâche qu'il fit à Bourbon, prenait solennellement possession de l'île au nom du roi Louis XIV, au bourg de la Possession.

Il passa peu de temps dans la colonie; il y laissa comme commandant gouverneur un sieur de La Hure, un de ces fils de famille dont les pères ne savaient que faire, et qu'ils étaient heureux d'éloigner dans la crainte de les voir mis en communication trop intime avec le chanvre du roy, un véritable descendant, pour les goûts et les mœurs, du trop célèbre baron des Adrets.

Le document d'où nous extrayons ce qui suit contient les renseignements suivants sur ce de La Hure (archives de France, série M. M., 530 à 533). Il y est dit : que de La Hure était un scélérat impie, ne craignant ni Dieu ni les hommes, un forcené jouant la folie furieuse que les grandes chaleurs tropicales contribuaient à mettre hors de lui; il marchait toujours son mousqueton chargé à ses côtés. C'est lui qui tua Verron, en déchargeant tout simplement son arme sur lui. Il lui arrivait de s'en prendre au ciel, au soleil, de ses souffrances provoquées par la chaleur. Il faisait supporter aux habitants toutes sortes de vexations; aussi la plupart des colons qui s'étaient établis sur les dunes de Saint-Paul prirent le parti de s'enfuir dans le sud de l'île avec femmes, enfants et animaux; ils s'arrêtèrent dans un endroit plat et désert, couvert d'arbres de haute futaie, lieu désigné aujourd'hui sous le nom des « Grands Bois » à quatre ou cinq kilomètres au-delà du quartier qu'on appela plus tard la rivière d'Abord, et ensuite Saint-Pierre.

Parmi ces émigrants nous voyons figurer les noms de Pierre Cadet, Hoareau, Folio, Rouloff et autres que l'on peut considérer comme les ancêtres de la population saint-pierroise.

L'escadre de M. de Lahaye, au retour de son voyage des Indes, relâcha de nouveau à Bourbon; apprenant ce qui s'était passé pendant son absence et la cause du départ de partie des habitants de Saint-Paul, celui-ci dépêcha vers nos malheureux colons le bonhomme Gilles de Launay qui, arrivé dans ces pays déserts, sonna de *l'encive* pour appeler les fugitifs; il les invita de la part de M. de Lahaye à revenir à Saint-Paul, leur déclarant que de La Hure avait promis de se conduire mieux à l'avenir; ils vinrent à l'appel du messager de paix, mais, malgré ses assurances, ils préférèrent rester où ils étaient plutôt que de s'exposer de nouveau aux injures et aux vexations du gouverneur commandant de La Hure.

Ce prologue était nécessaire pour expliquer l'anecdote que nous allons raconter. Nous arrivons enfin à la ravine à Malheur qui tire son nom d'un acte de cruauté de La Hure, et non, comme on l'a dit et répété, parce qu'un prêtre y aurait été assassiné. C'est là une erreur populaire et absurde pour la raison qu'à cette époque, et plus encore qu'aujourd'hui peut-être, le prêtre était respecté, son caractère le mettait à l'abri de toute violence de la part d'une population religieuse qui trouvait près de lui aide et assistance.

Laissons de côté la légende, et arrêtons-nous au fait historique: à la moindre fantaisie, de La Hure réquisitionnait les habitants et se faisait porter en *manchil*. Un jour, ses porteurs complotèrent de le jeter au rempart au premier voyage qu'ils auraient à faire de la Possession à Saint-Denis. Le complot fut découvert par lui; arrivé à l'endroit appelé plus tard la ravine à Malheur, il fit déposer son manchil, et déchargea son fidèle mousqueton sur ces hommes, en tua un, les autres prirent le chemin de la forêt, et courent encore.

C'est de cet acte de justice expéditive qu'a pris son nom la ravine à Malheur, et non de toute autre légende de fantaisie.

De La Hure fut expédié en France où il fut jugé à la Rochelle en 1672, et pendu haut et court.

M. de Lahaye le remplaça par M. de Florimont, autre tyran dont le nom ne figure pas à l'annuaire dans la liste chronologique des gouverneurs ou commandants de l'île.

Ce choix ne fut pas plus heureux pour le pays, que le précédent ; Florimont continua les vexations et les extorsions contre les habitants. C'est à lui que l'on doit l'introduction des *pagodes* (1) dans la colonie, sous forme de mesure disciplinaire ; il eut la bizarre idée d'en faire venir de l'Inde des graines, de les semer dans les sables de Saint-Paul pour obliger les habitants à mettre des souliers ; voilà le prétexte, mais la véritable raison était de les contraindre à acheter et à consommer une cargaison de souliers que la compagnie des Indes avait dans son magasin général de Saint-Paul et dont nos créoles usaient fort peu.

M. de Florimont fut très peu de temps gouverneur ; un jour on le trouva mort, probablement assassiné, au bord d'une ravine qui a conservé son nom, située entre la ravine de Bernica et celle de Saint-Gilles.

Tous les événements que nous allons raconter se passaient la plupart du temps à Saint-Paul ; il n'y avait à cette époque que trois quartiers dans l'île : Saint-Paul, la capitale (*quantum mutatus ab illo!*), Saint-Denis et Sainte-Suzanne.

Arrivons maintenant à la ravine à Marquer :

---

(1) *Panicum costatum,* épine à trois pointes.

Plusieurs versions existent sur l'origine de ce nom.

La véritable est celle-ci :

En 1707, il y eut dans l'île un très fort tremblement de terre : les habitants de Saint-Paul effrayés de ce phénomène, le premier qu'ils eussent ressenti depuis leur arrivée dans la colonie, se réfugièrent dans l'église ; ils sollicitèrent du curé, l'abbé Pierre Marquer, une longue procession expiatoire pour la rémission de quelques peccadilles auxquelles, dans leur superstition, ils attribuaient le tremblement de terre regardé comme un signe de la colère céleste ; plusieurs confessèrent même qu'ils avaient eu quelques légères relations avec des forbans qui étaient venus sur la rade de Saint-Paul pour renouveler leur provision d'eau fraîche à la cascade située près de la caverne, au sud de la ville.

Voilà le crime, dit le prêtre. Immédiatement on organisa la procession qui partit de la cascade de la caverne, lieu du délit ; on suivit le sentier conduisant de cet endroit à la rue Saint-Louis, la seule qui existât à Saint-Paul, ce dont la carte dressée en 1720 fait foi et aboutit au chemin André Raux, au banc des roches ; la foule traverse à gué l'étang, et arrive enfin, dans l'après-midi, à une ravine où, épuisée de faim et de fatigue, elle fit halte. Là, le curé Marquer déclara que l'expiation était suffisante, ou plutôt, à bout de ses forces, il se refusa d'aller plus loin, et fut sans doute bien aise d'avoir un prétexte pour mettre un terme à sa peu divertissante promenade faite dans un pays alors sillonné par des sentiers sablonneux ou rocailleux.

La ravine, alors sans nom, limite de la procession, conserva celui du curé Marquer, directeur de la cérémonie expiatoire.

A propos des accusations adressées à nos colons d'entrer en relation avec les pirates qui se présentaient quelquefois sur la rade de Saint-Paul pour renouveler leurs provisions, il se passa le fait suivant. Ceci nous sert de transition pour parler d'un bon gouverneur, et nous reposer du récit des exploits des de La Hure et des Florimont, énergumènes que la providence nous envoya, sans doute, pour nous faire mieux apprécier les quelques rares bons gouverneurs qui nous arrivaient, parmi lesquels nous citerons le sieur Lacour de la Saulais, seigneur de Lacour, le seul qui ait osé venir dans la colonie avec sa femme. Homme de mœurs douces, de caractère jovial, il passait son temps à donner des fêtes et des bals dans lesquels se faisait remarquer la charmante Jeanne Lépinay, épouse de François Lelièvre de qui descendent les familles Bosse, Desjardins, Laprade et Crestien. Jeanne Lépinay, gracieuse danseuse, brillait, dit-on, par ses talents chorégraphiques.

Le luxe n'existait pas alors, c'était le bon vieux

temps ; l'on ne connaissait pas encore les diamants, les modes, les chapeaux ridiculement petits et renversés qui tiennent à peine sur la tête ; les robes fourreaux avec des nœuds indicateurs posés dans les endroits les plus incroyables, robes qui, aujourd'hui, ne permettent pas aux dames de passer, sans danger, du trottoir dans la rue ; l'on s'amusait à peu de frais, l'on dansait au grand air sur l'argamasse de la maison du gouverneur, appelée à cette époque, maison du roy, située à l'ouest de la fontaine de Saint-Paul, à l'endroit où se trouve actuellement la poudrière.

Mentionnons encore un gouverneur, M. Desbordes de Charanville, que nous prendrons la liberté d'appeler tout simplement le bon Charanville, prédécesseur de M. Parat, l'un des introducteurs du café dans l'île.

Ce Charanville était de la famille du roi d'Yvetot ; il se couchait tôt, se levait tard, il allait à la pêche du matin au soir dans l'étang situé au pied du cap où était établie la maison du roy ; il était visible à toute heure, recevait sans laquais, sans étiquette et sans ces pions que M. de Labourdonnais a été le premier à introduire ici, et dont la tradition s'est conservée jusqu'à nos jours. Cet excellent Charanville donnait gîte à ses administrés, et les hébergait ; sa demeure était l'hospice banal, une espèce d'auberge du *Cheval Blanc* ou du *Soleil Levant*.

Voici le seul événement qui se passa sous son patriarcal gouvernement, le seul nuage qui vint le troubler.

On accusa sa trop faible administration de n'être pas assez sévère à l'égard des forbans qui visitaient la colonie, et qui, en échange de provisions fraîches, portaient aux colons du beau coupon bleu et des vins que la colonie ne pouvait se procurer facilement, et aux dames des paliacas lustrés, et de belles robes de Patna de l'Inde.

En l'an de grâce 1706, arriva dans la colonie, revenant de Chine, le prêtre de La Motte, des missions étrangères. De passage à Saint-Paul, La Motte y trouva le père Savet, alors le seul ecclésiastique dans la colonie.

Celui-ci ne pouvait exercer ses fonctions sacerdotales pour cause de maladie. Le jésuite La Motte fut invité, par Charanville, à suppléer le le curé Savet pendant son séjour à Saint-Paul. Un dimanche, il prit l'aube et l'étole, fit l'exposition du Saint-Sacrement, puis s'étant passé une corde au col, il proposa au sieur de Charanville et au peuple de faire amende honorable pour les secours qu'il prétendait avoir été donnés aux pirates par les habitants et leur gouverneur, ajoutant qu'il ne pouvait célébrer la messe sans cette condition. A cette sommation, de Charanville expliqua qu'il n'avait aucun reproche à se faire à propos de l'acte incriminé, que si quelques-uns étaient tombés dans la faute reprochée, faute qu'il blâmait, c'était à son insu, et que tous ne pouvaient raisonnablement pas supporter la peine de quelques-uns. Là-dessus, grands débats en latin ; après contestations, le bon Charanville dit aux créoles réunis et à ses esclaves : « Sortons d'ici, et allons-nous-en chez moi, il n'y a pas de messe aujourd'hui pour vous. » Les habitants revinrent alors chez le gouverneur.

Voilà, dit le document qui renvoie au procès-verbal déposé au greffe de Saint-Denis, comment se termina ce différend né de l'exigence outrée du jésuite La Motte.

Néanmoins, sur la demande de M. de Charanville, l'abbé Auffray fut envoyé pour relever l'abbé de La Motte ; il eut pour successeur l'abbé Marquer dont nous nous sommes entretenu au sujet de la procession expiatoire.

RAVINE D'HIBON

Il existe à un kilomètre au nord de Saint-Paul, un grand encaissement qui sépare la ville des jardins traversés par le chemin du tour des Roches. Cette ravine, qui ne contient pas d'eau dans la saison sèche, devient quelquefois, pendant l'hivernage, un torrent qui se répand dans les terrains avoisinants, et dont les eaux vont grossir celles du grand étang.

Le 22 juillet 1728, un sieur Pierre Hibon devint concessionnaire de tout le terrain borné par cette ravine de l'étang au sommet des montagnes ; cette concession fit donner le nom d'Hibon à cette ravine limitrophe de sa propriété ; l'acte de concession contient encore cette condition que le terrain du tour des Roches est donné à Pierre Hibon pour lui permettre d'établir un parc, et y élever des porcs. C'est ce titre qui fut critiqué si spirituellement par le célèbre avocat Berryer dans un procès soutenu à Paris en février 1859 par l'un des arrière-petits-fils de ce premier concessionnaire qui revendiquait à tort ou à raison le nom de Frohen, et s'en étayait pour établir qu'il pouvait aussi aspirer à celui de duc de Brancas.

Nous terminerons cette causerie par l'épisode dramatique de l'histoire romanesque de Bourbon, épisode qui se passa dans cette ravine d'Hibon, un jour de complet débordement, où elle roulait avec fracas ses eaux à l'étang.

Ceux qui ont en mains les *œuvres choisies* de Dayot peuvent se rappeler qu'au chapitre V du *Bourbon pittoresque*, il est question des adieux de Françoise Touchard, fiancée de Jean-Baptiste Le Breton, au moment où celui-ci partait, sous la conduite de François Mussard, le chef des détachements, pour faire une battue aux marrons, attaquer et déloger le chef Cimandef, gouvernant en roi le sommet de ce piton de l'intérieur qui porte son nom et qui sépare les îles de la *Nouvelle* de celles de *Salazie*.

Dans cette expédition, Jean-Baptiste Le Breton reçut un coup de sagaye en pleine poitrine et mourut. En apprenant la mort de Jean-Baptiste Le Breton, Françoise Touchard sa fidèle fiancée, devint folle (voir chapitre XLVIII non achevé du Bourbon pittoresque.)

Il est bon de noter, pour ceux qui ne connaissent pas les hauts de Saint-Paul, que l'habitation de Touchard-Raz-de-Marée, fils du compère Athanase Touchard, est située au sommet de la ravine d'Hibon et de celle Athanase, qui a pris son nom de celui du concessionnaire avoisinant « Athanase Touchard. »

La triste fiancée avait l'habitude de descendre tous les jours de la montagne, et de prolonger sa promenade sur le chemin du tour des Roches jusqu'à l'endroit où se trouve une pierre placée au pied de deux tamariniers jumeaux qu'on y voit encore, tamariniers qui se sont unis et dont les branches, amoureusement entrelacées, se sont greffées comme pour perpétuer à jamais, dit la légende, l'amour indissoluble des fiancés que la mort seule pouvait séparer.

Un jour que la ravine d'Hibon avait peine à contenir les eaux qui descendent de la montagne pendant l'hivernage, Françoise Touchard voulut la traverser quand même pour faire son pélerinage habituel aux tamariniers jumeaux, elle fut emportée par le torrent et s'y noya. Ainsi finit ce roman vrai des amours de Françoise Touchard et de Jean-Baptiste Le Breton, roman si palpitant d'intérêt, que notre infortuné Dayot n'a pu terminer.

COUP D'ÉTAT

FAIT A BOURBON EN 1690 PAR LE PÈRE HYACINTHE
DE QUIMPER, CAPUCIN.

HENRI HABERT DE VAUBOULON.

L'un des événements les plus remarquables arrivés à Bourbon au début de la colonisation, est certainement le coup d'Etat fait en 1690 par le père Hyacinthe qui contribua à enlever de son gouvernement le sieur Henri Habert de Vauboulon, et l'emprisonna.

A cette époque il n'existait dans l'île, comme nous le savons, que trois quartiers : Saint-Paul, Saint-Denis et Sainte-Suzanne. Dans l'un de ces trois quartiers, Saint-Paul, la population blanche se composait à peine de 45 à 50 familles, qui formaient environ 500 personnes.

En 1689, sortit de Lorient un personnel administratif pour la colonie, à la tête duquel se trouvait M. Henri Habert de Vauboulon qui avait le titre de gouverneur commandant de l'île ; sa suite se composait d'un sieur Michel Firelin, garde-magasin, de la compagnie des Indes, l'un des personnnages qui joua plus tard un rôle actif dans l'enlèvement du gouverneur de Vauboulon ; du père Bernardin, du père Hyacinthe et du frère Lannion, tous capucins missionnaires de Quimper.

Le père Bernardin connaissait bien Bourbon ; il y avait longtemps habité lors d'un premier voyage qu'il fit dans les Indes en 1667 ; il y avait séjourné 10 ou 15 ans comme curé.

Son administration avait procuré, dit-on, de grands avantages au pays, ainsi qu'au roi et aux habitants ; mais, se voyant peu satisfait d'un peuple indocile, il était revenu en France, où il ne fut pas plus tôt arrivé qu'il fut mandé en cour, et engagé de la part du roi, de s'en retourner dans l'île. On lui donna pour aide le frère de Lannion et le père Hyacinthe.

La traversée fut longue; à cette époque l'on ne voyageait que le jour; on cheminait avec la plus grande prudence, on mettait 4 et 5 mois pour venir de France à la colonie. Pendant ce temps, les passagers avaient tout le loisir de se connaître, de s'ennuyer, et surtout de s'aigrir le caractère. Le père Hyacinthe put donc tout à son aise, bien connaître le gouverneur à qui était dévolu le soin de faire le bonheur de la colonie.

Le père Bernardin mourut dans cette traversée. Cette événement jeta une grande consternation dans la compagnie voyageuse, et dans le cœur de son compagnon.

Le navire, porteur de ce personnel administratif, aborda dans l'île en décembre 1689.

M. de Vauboulon était, dit l'histoire, un homme cruel, avare, impérieux, s'emparant arbitrairement de l'argent des habitants ; sa fin, les restitutions et l'annulation des concessions faites pendant la durée de sa courte administration prouvent la justesse de ce jugement. De plus, conséquence de ses instincts tyranniques, il était faible de caractère et n'avait d'énergie que pour faire le mal.

Le père Hyacinthe et Firelin furent installés chacun dans leurs fonctions respectives, l'un à la cure de la colonie située à Saint-Paul, aux lieu et place du père Bernardin, décédé, et l'autre au poste de garde-magasin. Cette dernière position était, à ce qu'il paraît, fort lucrative. Quant au frère de Lannion, il disparut de la scène du monde et on n'en entendit plus parler.

Peu après, de Vauboulon donna carrière à ses mauvais instincts ; les habitants eurent à souffrir toutes sortes de vexations et d'exactions ; pour eux, il était le digne continuateur de ses devanciers : de la Hure et de Florimont. Las d'un pareil état de choses, Firelin, un sieur Royer, chirugien capitaine à Sainte-Suzanne, qui fut plus tard accusé de l'avoir empoisonné, et les sieurs Marc Vidot, Leparito et autres dirigés par l'énergique lazariste, complotèrent l'enlèvement de Vauboulon de son gouvernement, et son emprisonnement. Cet acte de violence fut accompli un dimanche à la messe, sur le signal donné par l'audacieux lazariste au moment du *Dominus vobiscum*.

De Vauboulon, arrêté par de solides créoles dirigés par les conspirateurs Firelin, Royer, Vidot, Leparito, auxquels s'étaient joints du Hall, Barrières et Laroche, fut conduit sous bonne escorte en la prison de Saint-Denis, où il mourut le 18 août 1692.

Aussitôt qu'il fut mis en prison, le père Hyacinthe pourvut au gouvernement de l'île; il savait pratiquer le fait accompli. En sortant de la *légalité*, il rentra dans le *droit*. Il fit nommer un sieur Drouillart commandant de l'île comme gouverneur choisi par les habitants, dit la légende, puis ensuite Firelin lui-même.

Mais en réalité il pouvait, à juste raison, dire : le gouverneur de l'île c'est moi sinon en apparence du moins en réalité.

De Vauboulon mourut dans la prison de Saint-Denis le 18 août 1692, comme nous l'avons dit plus haut. Nous trouvons dans les registres de l'état civil de Saint-Paul son acte de décès, monument d'habile rédaction due à la plume du rusé lazariste. Nous donnons *in extenso* cet acte de décès, qui prouve qu'ayant osé punir il savait en même temps rendre hommage au principe d'autorité, témoin les cinq coups de mousqueterie tirés par son ordre en l'honneur du gouverneur défunt, à la porte de l'église de Saint-Paul, pendant la messe de *requiem* dite par lui, après la mort de ce dernier.

Voici cet acte :

« Le 18 août 1692, Henri Habert, sieur de Vauboulon, gouverneur de la part du roy de cette isle Bourbon, fut trouvé mort d'une maladie de deux mois en la prison de Saint-Denis, où il était depuis le 26 novembre 1690, pour les mauvais traitements et les vexations exorbitantes qu'il faisait au peuple ; ayant le même jour appris cette triste nouvelle, j'assemblay incontinent tous les habitants de ce quartier de l'isle, où je me trouvais alors, pour leur en faire part, et le lendemain même mois et même année que dessus, je lui fis un service avec messe où l'on fit cinq coups de mousqueterie. En foi de quoi, je soussigné,

« F. Hyacinthe de Quimper, capucin missionnaire et curé de l'isle Bourbon. »

Après la mort de Vauboulon, Firelin se dressa sur son tabouret de garde-magasin et chaussa les pantoufles du maître. Il se chargea de la liquidation de sa succession, vendit les meubles et les biens qu'il avait extorqués pendant le court espace de temps qu'avait duré son administration.

Ainsi nous voyons, dans une des études des notaires de Saint-Paul, des reçus donnés en 1692 et 1693, audit sieur Michel Firelin, liquidateur de la succession de Vauboulon, par vingt et quelques habitants de Saint-Paul, relativement à l'argent, aux étoffes et aux marchandises que ces habitants prétendaient leur avoir été injustement pris par de Vouboulon ci-devant gouverneur pour le roy.

Les sommes restituées s'élèvent au chiffre de 2,408 livres. Il y est dit encore « que les sommes versées par

« Firelin pour compte des directeurs-généraux
« de la Compagnie des Indes étaient, pour argent
« injustement pris par de Vauboulon, pour le
« fond de leurs habitations, qu'il leur avait fait
« prendre par force, et encore pour marchandises
« livrées aussi par force, et non payées, au navire
« Les Jeux sur ordre du gouverneur. »

La plupart des concessions faites par le gouverneur furent annulées, et plus tard confirmées à nouveau aux mêmes concessionnaires.

De tout ce qui précède ressort la culpabilité évidente du sieur de Vauboulon.

Tout paraissait assoupi ou oublié; mais, sous le gouvernement du *Grand Roy*, le principe d'autorité devait être quand même respecté.

Nous arrivons enfin au procès qui fut fait aux auteurs du coup d'Etat.

Les conspirateurs furent non seulement accusés de violence contre le gouverneur, mais ils furent en outre soupçonnés, sans preuves, nous le croyons, de l'avoir empoisonné. Le chirurgien Royer était spécialement accusé d'avoir composé *le bouillon mortifère*. Heureusement que la mort arriva à temps pour le dispenser de rendre compte de cette accusation à la justice humaine.

Le père Hyacinthe, ainsi que Michel Firelin, Marc Vidot et le Paritho, Duhal, Barrières, Laroche furent poursuivis et jugés par la cour de Rennes.

Suivant arrêt rendu par cette cour en 1697, Marc Vidot et le Paritho, Duhal, Barrières et Laroche furent renvoyés des fins de la plainte portée contre eux et acquittés; Michel Firelin condamné à mort et pendu; quant au père Hyacinthe, il fut condamné aux galères et mené à Paris pour être mis à la chaîne; mais le roi, sollicité, commua sa peine en une détention dans le couvent de son ordre, où il fut remis entre les mains de ses supérieurs, pour être puni suivant l'énormité du crime. Voilà ce qui ressort du premier document.

Arrivons maintenant à la seconde version plus rationnelle, et où se montrent les ressources d'esprit de notre personnage, qui a dû mettre tout en œuvre pour s'esquiver, et laisser passer l'orage.

Comme chacun le répète depuis le vieux Rabelais : la loi était alors, comme en d'autres temps, la toile d'araignée qui prend les petits et laisse passer les gros.

Le deuxième document nous donne, en effet,

le renseignement suivant, auquel nous prêtons plus de croyance, laissant le lecteur libre de choisir.

Sous le coup de la double accusation portée contre les prévenus, M. de Cerquigny, chef d'escadre, ayant touché à Bourbon, s'empara de tous les accusés pour les mener en France afin d'être jugés.

Le père Hyacinthe se sauva de l'escadre, passa dans les terres de l'Inde, où il se rendit par la caravane, puis à son couvent de Quimper, où il mourut pauvre et oublié, et plus qu'octogénaire, en l'an 1730.

Tel est le récit de l'événement politique dont le père Hyacinthe fut l'auteur principal. L'histoire ne varie que sur la répression attribuée au père Hyacinthe, qui laissa dans la colonie une mémoire vénérée ; sa charité offerte en exemple à tous est restée proverbiale dans l'île.

Nota : Depuis que cet article a été écrit, la lumière s'est faite sur l'événement à l'occasion duquel nous avons donné cette double appréciation sur l'issue du procès du père Hyacinthe ; grâce au document que nous publions dans le chapitre suivant, le fait historique sur lequel la tradition était incertaine, est aujourd'hui établi d'une manière irréfutable.

PROCÈS DU R. P. HYACINTHE

DANS l'une des causeries que nous avons publiées dernièrement, nous nous sommes entretenu d'un petit coup d'Etat qui, en 1690, a eu un grand retentissement dans la colonie; nous voulons parler de l'arrestation du gouverneur de Vauboulon, en pleine église de Saint-Paul, un dimanche; de son emprisonnement et de sa mort, de cet événement dont l'écho nous est parvenu à travers l'obscurité des premiers temps de notre histoire.

A cette époque, la légende remplaçait les tablettes de l'historien qui avait autre chose à faire que de s'occuper d'une colonie, presque inconnue, perdue au milieu de l'Océan, et qui n'était habitée que par quelques rares pionniers. Elle n'était visitée alors de loin en loin, que par les navires de la compagnie des Indes qui n'y venaient que pour prendre quelques légumes verts et pour renouveler leur eau à celle des belles cascades de la caverne, situées, comme on sait, au sud de la ville de Saint-Paul.

Plusieurs versions contradictoires nous sont parvenues à propos de la violence exercée sur de Vauboulon. D'après l'une d'elles, le père Hyacinthe et ses complices ont été jugés en Bretagne en 1697; l'un d'eux, Firelin, a été pendu; notre capucin condamné à la chaîne à perpétuité, et les autres prévenus renvoyés de la prévention.

D'après la seconde, nous admettions que le père Hyacinthe avait pu se sauver dans l'Inde pour attendre la fin de l'orage, qu'il était ensuite rentré en France, et s'était rendu dans son couvent de Quimper où il avait fini ses jours paisiblement.

Cette double version rencontra de l'incrédulité parmi les personnes qui s'occupent de l'histoire de notre microscopique pays.

Aujourd'hui le doute n'est plus possible; un document précieux que nous avons en mains nous permet de donner à nos lecteurs la primeur d'une œuvre jusqu'à ce jour inconnue et cachée dans quelques cartons poudreux du Ministère de la marine et des colonies: le plaidoyer fait dans l'intérêt de notre accusé par l'avocat qui l'a défendu devant la cour prévotale de Rennes en 1697.

Ce factum, rédigé par M. de La Rivière Chériel, rapporteur, et M. Turmier, avocat du père Hyacinthe, est écrit dans un style un peu biblique, et par dessus tout plein de *l'emphase avocassière* de l'époque, il établit d'une manière irréfutable la participation active du père Hyacinthe à l'emprisonnement du gouverneur de Vauboulon, à son arrestation dans l'église de Saint-Paul, un jour de fête. Le cortège que lui fit l'énergique capucin, au sortir de l'église, marchant un bâton à la main au milieu des conjurés, à la tête desquels était Marc Vidot, de Sainte-Suzanne, gesticulant un sabre nu à la main, ne laisse pas le moindre doute à cet égard.

Le père Hyacinthe, d'après le mémoire justificatif dont nous parlons, signe même le procès verbal d'écrou du gouverneur. « *Tout cela, dit-il, n'est que l'apparence de la réalité ; il ne s'est mêlé aux conjurés que comme pacificateur, et pour épargner l'effusion du sang et sauver la vie du gouverneur qui était en danger.* » Il devait le mettre ensuite en sûreté en le conduisant en prison afin de l'y faire attendre le passage sur la rade de la colonie, d'un navire de la compagnie des Indes, auquel les habitants l'auraient confié pour le reconduire en France.

L'argumentation du défendeur ne nous convainct pas. Mais la participation de l'accusé au coup d'Etat dont nous nous entretenons ne va pas au delà de l'arrestation du gouverneur et de son emprisonnement. Quant à l'empoisonnement de ce dernier, à l'exécution du fidèle Laciterne, son domestique, il ressort des faits du procès que notre prévenu n'y a pas pris part ; que ces actes de justice, par trop expéditifs, incombent particulièrement à Firelin, garde-magasin de la compagnie des Indes, successeur du gouverneur, avec qui ce dernier était en complète hostilité ; que de Vouboulon prisonnier l'avait menacé de le faire pendre s'il sortait jamais de sa captivité ; que seul, il avait intérêt à faire disparaître le gouverneur ; car il eût été fait sans doute de l'audacieux et ambitieux Firelin, comme de l'infortuné Laciterne qui paya de la vie sa fidélité au gouverneur, son maître. On verra comment fonctionna, en 1690, dans la colonie, le premier jury qui condamna Laciterne à être passé par les armes pour cause de dévouement au gouverneur. Le prétexte de l'arrestation de ce fidèle Caleb est basé sur un simple avertissement d'un Portugais, Emmanuel de Mota, qui rapportait à Firelin que Laciterne avait l'intention de former un complot pour l'assassiner.

Voici comment se constitua ce jury : Firelin accusateur nommait une assemblée de neuf juges, lui compris, accusateur et juré ; il s'était octroyé le privilège d'avoir deux voix pour délibérer et juger celui dont il croyait avoir à se plaindre.

Voici ce document que nous livrons à la publicité malgré ses incorrections et son style empreint, par trop, de l'emphase de la basoche de Province, nous le donnons tel quel.

« — Factum — pour le R. P. Hyacinthe de Quimper, religieux capucin et missionnaire, défendeur et accusé contre M. le procureur du roi, demandeur et accusateur.

« Une accusation capitale formée contre un capucin arrêté et retenu prisonnier par ordre du roi a quelque chose de si extraordinaire et de si surprenant qu'on ne peut quasi se former l'idée des motifs à cette accusation.

« Si on le soupçonne d'avoir voulu usurper l'autorité du roi dans une île qui est soumise à son obéissance, c'est une entreprise si éloignée du vœu et de l'habit d'un capucin, qu'elle ne peut tomber dans l'esprit d'aucune personne.

« Si on le veut accuser d'infidélité ou de quelque intelligence secrète avec les ennemis de l'Etat, cela est combattu par ses vœux et par le serment de fidélité qu'il prêta en partant pout sa mission ; au surplus, sa naissance, sa patrie et le nom français ne peuvent souffrir ce reproche, aussi n'y en a-t-il jamais eu le moindre soupçon.

« Du côté des mœurs, soit de la rectitude de la vie, de l'observance de sa règle et du mépris des richesses, c'est ce qu'il a toujours observé très religieusement. Si son accusation était d'y avoir contrevenu, ce ne serait pas un crime d'Etat ; il n'en devrait raison qu'à son ordre, qui, sur cela ne lui fait aucun reproche. Quelle est donc l'accusation d'un prêtre, d'un capucin ? En quoi peut-il avoir contrevenu aux ordres du roi sans avoir vu violer sa règle ni son devoir ? Voici sans doute quelque chose d'extraordinaire.

« Son accusation est d'avoir conspiré dans l'île Bourbon autrefois nommée Mascarin contre la personne du gouverneur que le roi y avait envoyé, de l'avoir fait arrêter et constitué prisonnier dans un cachot où, après vingt-deux mois, il a été empoisonné ; il est accusé aussi d'avoir fait passer par les armes un valet du même gouverneur pour avoir voulu procurer la liberté à son maître et concerté d'égorger le père capucin et son frère compagnon, le sieur Firelin et tous ceux qui l'avaient emprisonné. Cela blesse l'autorité du roi qui doit être révérée dans la personne de celui qui la représente, et voilà deux crimes capitaux.

« Il faut avouer que cette accusation frappe d'abord les sens, mais on sort ici, avec grande raison, du texte de l'Ecriture : *littera occidit, spiritus autem vivificat*. Il ne faut pas s'arrêter à la simple appréhension du fait, il faut passer incontinent à l'esprit qui est l'intention, le motif et la fin, pourquoi cela a été fait, c'est où MM. les juges sont très humblement priés d'arrêter leur attention. Ils y trouveront la justification de ce vénérable accusé.

« Avant d'entrer dans le détail de cette accusation, il est préalable de relever une expression qui peut frapper tous ceux qui entendent parler ; c'est l'empoisonnement du gouverneur dans la prison. Il est vrai que cela fait horreur, et qu'il ne peut jamais y avoir d'excuse à une si vilaine action ; aussi le défendeur la déteste, et il ne peut assez se récrier contre ceux qui l'ont commise et qui sont participants. Qu'un chacun donc soit persuadé que le défendeur n'a nulle part à ce crime, il n'a jamais eu connaissance ni de l'action, ni du complot de ce poison. Si pour l'empêcher et conserver la vie du prisonnier, il eût fallu en donner une autre, il est certain que le père Hyacinthe n'eût pas différé d'un moment à sacrifier la sienne : il ne faut donc pas même le soupçonner d'un crime si atroce ; aussi, très heureusement, il n'est point accusé, bien qu'on lui impose bien d'autres faits dont il est également innocent.

« Cela posé, on vient aux circonstances de cette accusation qui demande préalablement une instruction de quelques faits.

« L'île de Bourbon, appelée l'île de Mascarin avant d'avoir été soumise à l'obéissance de notre roi, qui fut environ l'an 1662, est située à la pointe de l'Afrique ; sa mer est très orageuse, ses approches difficiles et son séjour exposé aux plus grandes chaleurs d'Afrique.

« Cet île, qui sert aujourd'hui de magasin au commerce des Indes, n'était avant sa réduction habitée que par des nègres qui se sont retirés dans les montagnes de l'île, et ont laissé le plat pays aux Français et à plusieurs autres nationnaires dont la plupart ne s'y rendent que pour éviter la punition des crimes qu'ils ont commis dans leur pays.

« L'île a 50 lieues de circuit, 18 ou 20 de longueur; elle est divisée en trois cantons qui renferment tout le séjour des habitants sous l'obéissance du roi et dans le culte de la religion romaine. Ces cantons sont: Saint-Denis, Sainte-Suzanne et Saint-Paul, on y compte à présent 45 ou 50 familles qui font environ 500 personnes toutes d'humeur féroce, et fort penchantes à la sédition. Depuis trente ans, il y a eu successivement des commandants pour Sa Majesté, et des religieux pour l'exercice de la religion et pour l'édification du public, lesquels ont été obligés de quitter l'île avec peu de satisfaction, ou y ont péri malheureusement.

« Le père Bernardin de Quimper, capucin, a passé onze ans dans cette île où il a procuré de très grands avantages au roi et aux habitants; mais enfin, se voyant peu satisfait d'un peuple indocile, il retourna en France où il ne fut pas plutôt arrivé qu'il fut mandé en cour et commandé de la part du roi de retourner en l'île. On lui donna pour aide le père Hyacinthe de Quimper, qui est l'accusé, et le frère Antoine de Lannion, pour les secourir en leurs besoins.

« En même temps, le roi envoya, pour être gouverneur de l'île, le sieur Henri Habert de Vauboulon, avec lequel s'embarquèrent aussi plusieurs autres personnes pour passer en l'île.

« Le père Bernardin mourut en route, ce qui jeta une grande consternation dans le cœur du père Hyacinthe, se voyant seul prêtre dans une grande île et seul à la direction spirituelle d'un peuple fort agreste. Mais enfin il se détermina à remplir sa mission, il continua sa route sur le même vaisseau et, au mois de décembre 1689, ils abordèrent à l'île Bourbon où le sieur de Vauboulon fut reconnu et installé gouverneur pour Sa Majesté dans toute l'île.

« Sa conduite ne succéda pas à l'attente qu'on avait conçue de sa personne. Il était d'un esprit avare, cruel et impérieux qui lui attira bientôt la haine, l'aversion du peuple. Il employait son autorité et son emploi à piller sans raison les habitants. De cent écus que quelques-uns avaient, il emportait quatre-vingts, et de douze écus, il en emportait dix. Il privait les uns de leurs biens pour les leur faire racheter à prix d'argent. Il exigeait de tout le monde des sommes exorbitantes; il obligeait les uns à faire des chemins, des travaux publics sans salaire et sans fournir aucune subsistance, et imposait des tributs sur le peuple dont nul autre ne s'était pas encore avisé.

« On prétend que tous ces faits sont informés,

et ils le seraient encore mieux si on faisait, ou si on avait fait faire des enquêtes dans l'île. Tout cela rendait le peuple très mécontent. Dans ce temps-là, il arriva une aventure singulière qui donna cause à tout ce qui est survenu depuis. Le sieur Michel Firelin était commis dans l'île pour les magasins de la Compagnie des Indes. Cet emploi est considérable, et il était regardé comme la deuxième personne de l'île.

« Le gouverneur, cherchant toutes les occasions de s'attirer des affaires, ou par un esprit d'empire, alla au magasin et voulut obliger Firelin à changer l'ordre et la situation des marchandises. Celui-ci en fit refus, ne croyant pas que l'ordre de son magasin fut soumis aux lois du gouverneur. Ce refus emporta l'autre de colère, il jeta par terre les piles de marchandises, donna des coups de canne à Firelin. *Hinc causa irarum.*

« Firelin quitta son magasin et le quartier de Saint-Denis où il est situé ; il alla trouver le père Hyacinthe au quartier de Sainte-Suzanne où il était alors ; il lui raconta son infortune et le chagrin où il était contre le gouverneur auquel il voulait casser la tête plutôt que de tomber entre ses mains. On peut aisément croire quelle fut la réponse d'un chrétien, d'un prêtre et d'un capucin ; il plaignit son sort, lui dit de prendre patience, qu'il irait, le dimanche suivant, à Saint-Denis, trouver le gouverneur après la messe et qu'il procurerait sa paix; qu'en attendant, il restait au quartier, qu'il vit les habitants et tout ce qu'il y avait à voir audit lieu. Ces faits doivent être reconnus par Firelin lui-même.

« Il resta donc, mais au lieu d'attendre patiemment le dimanche qu'on devait aller à Saint-Denis après la messe, il employa son séjour à soulever les particuliers, les engager en son parti et les porter à arrêter leur gouverneur qu'il traitait de voleur et de tyran. En effet, toutes les fois qu'il retournait à l'hospice des deux capucins, il était de plus en plus animé de passion et encore plus enflé du désir de la vengeance, sans que tous les conseils du défendeur, les avertissements du péril où il se commettait et de manquer à son devoir, pussent rien gagner sur son esprit. Il se peut que le complot d'arrêter le gouverneur ait été formé chez le nommé Royer, capitaine du canton de Sainte-Suzanne, et apparemment sur la promesse d'épouser la fille de Royer après l'empoisonnement comme il a fait; mais tout cela à l'insu du capucin qui même n'a fait cette réflexion que depuis peu sur les circonstances et les conjonctures des choses. Il fut surpris d'apprendre qu'un des jours que Firelin resta à Sainte-Suzanne, il avait publié, à l'issue de la messe, une plainte aux habitants, portant à peu près qu'ils ne devaient pas souffrir que le commis de la Compagnie des Indes fût maltraité par le gouverneur, et qu'il était de leur intérêt de le conserver ou de se conserver eux-mêmes, ce qu'il ne fit apparemment que par un complot concerté avec le capitaine, mais le défendeur crut que tout serait terminé et apaisé le lendemain, qu'il devait aller trouver le gouverneur et moyenner la paix entre lui et Firelin.

« En effet, il y alla après la messe célébrée, et Firelin ne peut pas contester que durant toute la route qu'ils firent ensemble, le capucin ne lui parla d'autre chose que de se bien remettre avec le gouverneur, et lui pardonner en véritable chrétien. Il lui raconta les inconvénients qu'il y a toujours à se révolter contre celui qui est revêtu de l'autorité du roi et lequel il faut révérer en cette qualité. Cela résulte même du seul caractère du défendeur et du seul devoir d'un chrétien.

« Enfin, il est certain que ledit défendeur alla trouver le gouverneur, qu'il le pria en faveur de Firelin et le supplia de tout pardonner et de tout oublier. Il est certain encore que le gouverneur, après quelque temps, parut apaisé; qu'il reçut Firelin, qu'il lui dit d'aller désormais à son magasin, et que lui-même crut que la paix était faite. Si ce fait est avoué, comme on l'espère, par Firelin lui-même, il est certain que le capucin ne trouvait aucune conspiration, et que s'il s'en faisait ou s'en était fait aucune, ce ne pouvait être de sa part ni à sa connaissance. Aussi Firelin ne dit pas qu'il y en eût aucune dans ce temps-là, autrement il s'accorderait mal avec son désir de se ménager la paix avec le gouverneur, s'il en eût eu une trahison dans le cœur. Il doit donc passer pour constant qu'il n'y en avait point du moins du côté du capucin, lorsqu'il alla, au mois d'octobre 1690, procurer la paix de Firelin. Il ne reste plus qu'à examiner ce qui s'est passé depuis, parce que c'est de là qu'on peut découvrir la vérité. Ce capucin ayant pris congé du gouverneur et laissé Firelin seul avec lui, ledit gouverneur ferma la porte sur eux, appela Bidon, son greffier ou son notaire, et interrogea juridiquement ledit Firelin sur la publication faite à l'issue de la messe de Sainte-Suzanne, sur le soulèvement qu'il avait voulu faire des ouvriers du magasin et sur d'autres faits qu'il lui reprocha aigrement jusqu'au point de le menacer du dernier supplice. On laisse à penser sur cela quels furent les sentiments de Firelin, et s'il ne songea pas désormais à trouver les moyens de se défaire du gouverneur.

« Le père Hyacinthe n'avait aucun différend avec lui. Ils vivaient assez bien ensemble pour n'avoir aucun sujet de se plaindre l'un de l'autre et cela est bien évident, puisque le capucin allait trouver le gouverneur pour ménager la paix de Firelin, cela ne se fait pas entre ennemis. Mais dans le cœur de Firelin, ce n'était pas la même chose, il méditait tous les moyens imaginables pour se défaire du gouverneur.

« Il ne manqua pas, durant quinze jours que le Père resta à Saint-Denis, de venir lui dire très souvent qu'il fallait arrêter le gouverneur, que tous les ouvriers seraient de son parti, que tout le peuple murmurait, qu'il disposerait du quartier de Sainte-Suzanne et qu'il ne souhaitait que le consentement du père Hyacinthe, mais ce dernier s'opposa toujours à cette téméraire entreprise, et travailla autant qu'il put à pacifier les esprits et à détourner un tel orage.

« Il quitta pour ce sujet le canton de Saint-Denis et alla à celui de Saint-Paul qui en était éloigné de sept lieues où il fut appelé pour baptiser un enfant, et il y demeura quinze jours au plus. Pendant ce temps il arriva trois événements singuliers qui avancèrent mal les affaires du gouverneur et qui effectivement aigrirent le cœur des habitants contre lui.

« Il fit arrêter un nommé Henri Brocus habitant de l'île, pour avoir donné de l'oignon et de l'ail à quelques nègres des montagnes, pour raison de quoi il le condamna à faire l'amende honorable avec un écriteau sur le visage et sur le dos, portant : *protecteur des nègres marrons*, et à être ensuite attaché au carcan, ce qui fut exécuté dès la pointe du jour.

« L'autre cas est que le jour de la présentation

de la Vierge est marqué fête dans le bréviaire ou calendrier du père Hyacinthe. Sur cela, Firelin fit assembler le peuple dans l'église pour faire les prières publiques à la manière accoutumée. Le nommé Arsul sonna la cloche pour avertir les absents de se rendre à l'oraison, et Firelin commença la prière. Le gouverneur, qui devait avoir défendu de solenniser la fête, envoya prendre Arsul et le fit mettre en prison. Firelin attroupa le peuple pour aller réclamer Arsul. Le gouverneur les renvoya avec menaces et dit à Firelin qu'il était un séditieux, qu'il avait voulu soulever le peuple à Sainte-Suzanne, qu'il était allé à la tête des ouvriers pour lui faire insulte, et que ce jour-là, il se trouvait à la tête des habitants pour faire la prière contre son ordre et qu'il y venait encore pour lui enlever Arsul, que son procès était fait, et qu'il serait pendu quand il y penserait le moins. On laisse à penser qui demeura effrayé de ces paroles et qui était intéressé à se défaire du gouverneur.

« Le troisième cas est que Firelin n'ayant pas couché une nuit dans sa maison, le gouverneur fit un règlement par lequel il ordonna et fit publier que ledit Firelin paierait une pistole, et, chaque ouvrier, un écu, toutes les fois qu'ils seraient absents de leurs maisons, après le coucher du soleil, et effectivement il envoya trois fois demander la pistole d'amende, si bien que cela aigrit fort les esprits contre la dureté de son gouvernement, et porta Firelin à tout hasarder et à tout faire.

« Le père Hyacinthe était à Saint-Paul, comme on l'a dit. Firelin lui écrivit trois lettres pour l'informer de ces faits et le supplier d'aller à Saint-Denis pour mettre ordre à tous ces troubles, même il recevait souvent des exprès pour cela, si bien qu'il crut être de son devoir de retourner à Saint-Denis pour porter un prompt remède à ce mal. On objecte que toutes ces lettres et ambassades n'étaient que pour projeter la conspiration et la mort du gouverneur. Mais sur quels fondements asseoir une telle conjecture, ou plutôt une telle imagination. Le défendeur ne répond pas de ce qui était dans le cœur de Firelin, ni de ce qu'il protestait. Il est vrai qu'il faisait tous ses efforts pour entraîner le Père dans son parti, c'était pour l'y attirer qu'il lui écrivait ses lettres, et qu'il envoyait incessamment des exprès, mais du côté du Père, où est la complicité ? et par quel fait peut-on dire qu'il ait participé à cette conspiration ! On vient de voir que le Père n'avait aucun autre intérêt entre le gouverneur et Firelin, que de moyenner entre eux la paix et le repos de l'île. On ne présumera jamais qu'un capucin ait pu avoir d'autre sentiment, et pour le convaincre du contraire, il faudrait avoir des faits positifs, il n'y en a point. S'il a reçu des lettres de Firelin, on déclare ce qu'elles contiennent, c'est-à-dire les trois points ci-devant établis. Si on lui a envoyé des exprès, c'était pour le presser de venir à Saint-Denis, il y est allé, mais dans quel esprit! c'est ce que Dieu seul et le cœur du Père savent, mais nul autre. On dit que ça était pour perdre le gouverneur, mais le Père assure que c'était pour le sauver. Qui peut sur cela convaincre la volonté et l'intention du Père! Il alla de Sainte-Suzanne à Saint-Denis dans un véritable esprit de moyenner la paix; pourquoi veut-on que cet esprit ait changé dans un mois de temps, jusqu'au point de méditer la mort d'un officier du roi, c'est-à-dire se faire volontairement irrégulier, tomber dans un sacrilège et dans un parricide infâme, même dans un crime de lèse-majesté sans cause. Cela ne peut entrer dans l'esprit d'aucun homme raisonnable.

« Si le père Hyacinthe eût eu ce pernicieux dessein d'attenter à la vie du gouverneur ou de le faire arrêter, il eût communiqué ce dessein à quelques-uns pour les attirer à son parti. Peut-on nommer une seule personne à qui il en ait parlé? Il n'y en a point; il est donc certain qu'il n'a point tramé ce complot. S'il l'eût fait, c'eût été sans doute dans le quartier Saint-Paul où il alla immédiatement en sortant de Saint-Denis où il resta jusqu'à son retour, c'eût été sans retour, c'eût été là qu'il eût trouvé des partisans, mais heureusement il se trouve que dans cette affaire nul habitant n'y a de part. Il est donc très certain que le

Père n'a fait aucune conspiration. Il faut encore considérer que s'il était retourné de Saint-Paul à Saint-Denis, dans le dessein d'arrêter le gouverneur, il eût mené avec lui une cohorte de gens armés, propres à une expédition militaire de la nature de celle-ci; mais il y va seul, preuve assurée qu'il y allait dans un esprit de sincérité et d'innocence pour calmer le trouble et l'agitation où il apprenait qu'étaient les choses.

« A son arrivée, Firelin, du Hall et Barrière vinrent le trouver qui lui dirent d'un esprit ferme et résolu : qu'ils arrêteraient le gouverneur, que c'était une chose nécessaire, qu'ils avaient leurs mesures et tout disposé pour cela, que Royer, capitaine de Sainte-Suzanne, amènerait de nuit les habitants pour se saisir du gouverneur dans sa maison ou en allant à l'église, et que c'était une résolution prise. Cela est véritable et il est naturel de le croire. Firelin avait raison de tout craindre, puisque le gouverneur l'avait assuré que son procès était fait, et qu'il le ferait pendre quand il y penserait le moins.

« Firelin avait du crédit dans l'île, et tous les ouvriers étaient à sa dévotion, tout le monde était mécontent du gouverneur, si bien qu'on ne doit pas douter que ce ne fût une conspiration ourdie par Firelin et ses adhérents dès avant l'arrivée du Père qu'on ne manda que pour lui en donner avis.

« Que pouvait faire en cette occasion un religieux capucin ? C'était user de remontrances, de faire des exhortations, faire comprendre l'atrocité du crime dans lequel ils s'engageaient et les suites fâcheuses qu'ils s'attiraient sur toute l'île; que c'était attaquer l'autorité du roi et se rendre rebelles, enfin il ne pouvait faire autre chose que de leur représenter tout ce qui pouvait les dissuader d'une telle entreprise, et leur en faire connaître le péril et la témérité. On ne peut pas douter que tout cela n'ait été mis en œuvre par le père Hyacinthe.

« Autant de fois qu'il a parlé et qu'il a pu entretenir ces personnes; mais des paroles ne sont rien contre une résolution déterminée et contre une partie faite avec obstination. Etait-il au pouvoir du père d'empêcher par la force ou par l'autorité l'exécution de ce complot ? Car enfin, on ne doit exiger de lui que ce qu'il a pu faire; on comprend assez que sa profession et son habit ne pouvaient pas résister à une entreprise aussi terrible.

« Il fallait (dit-on) avertir le gouverneur du complot qui se tramait contre lui. — C'est ici que la prudence humaine peut souvent tomber, car si quelques-uns sont d'avis que l'avertissement était nécessaire, il pourra s'en trouver davantage de l'avis qu'il ne l'était pas. Il faut donc examiner les conséquences, pour conclure ce qui était le plus à propos.

« Si le gouverneur eût été averti, il n'eût pas manqué de se mettre en devoir d'arrêter Firelin et ses complices, mais Firelin et ses complices ne se fussent pas laissé arrêter sans se défendre. Celui-là avait des domestiques, mais ceux-ci avaient des parents, des amis, des confédérés qui n'eussent pas manqué de prendre les armes pour leur défense et même pour tirer de prison ceux qui y eussent été mis ; cet avertissement allait donc mettre le feu et le carnage dans l'île, causer des morts et des désordres infinis.

« Si le parti du gouverneur eût été le plus fort, Firelin, du Hall, Barrière et tous leurs complices eussent été pendus sans ressource, le commerce eût cessé, le magasin eût peut-être été pillé, et plusieurs familles désolées, tant par l'ignominie du supplice, que par les assassinats qui eussent suivi.

« Si le parti des conspirateurs se fût trouvé le plus fort, l'autorité du roi eût été violée ouvertement, son premier officier eût été ou tué, ou indignement traité ; enfin c'eût été exciter une guerre civile, et une révolte dans l'île, et qui eût causé tous ces désordres ? L'imprudence d'un capucin pour avoir décelé une conspiration.

« Que tous nos philosophes moraux, que les Catons du siècle viennent ici nous dire ce qu'il fallait faire en cette conjoncture ; mais qu'ils se souviennent que la scène est dans une île où il n'y a point de porte de derrière et où il n'y a point d'autre vérité majeure ni de justice à réclamer, puisque le conflit est entre les supérieurs de l'île.

« Le père Hyacinthe céda au temps, ne pouvant pas arrêter le torrent de cette conjuration, après avoir fait tous ses efforts pour l'empêcher. Il ne lui resta plus qu'à délibérer s'il quitterait le quartier de Saint-Denis dans le temps que cette expédition se ferait ou s'il resterait pour empêcher, autant qu'il serait en son pouvoir, qu'elle ne se fît avec effusion de sang et perte de la vie du gouverneur.

« Il prévit qu'en quittant le quartier, l'action ne se passerait pas sans meurtre de part et d'autre, il prit donc le parti de rester pour empêcher à son possible le plus grand désordre, ne doutant pas que sa présence pourrait servir pour adoucir les choses quoiqu'elle ne pût rien servir pour empêcher l'action et assurément s'il eût quitté le quartier, il eût abandonné le gouverneur à la fureur et à l'indignité du peuple, il eût mis sa vie entre ses mains et il eût commis par là la cruauté la plus criminelle qui se puisse imaginer.

« Voilà le véritable motif pour lequel il resta à Saint-Denis : on ne peut pas douter que ce fut dans le seul dessein de conserver la personne du gouverneur, et voici ce qu'il fit encore dans le même dessein.

« Il ne douta pas que si l'attaque se faisait à la maison du roi ou dans les rues, le gouverneur, ses domestiques et ses amis ne se fussent mis en défense, ce qui eût causé un grand carnage dans lequel le gouverneur eût indubitablement péri; le défendeur crut que pour prévenir ce malheur il était plus à propos de ne *l'arrêter que dans l'église* dans le temps qu'on serait disposé à entendre la messe ne doutant pas que la sainteté du lieu n'empêchât toute effusion de sang et les meurtres qui, hors de là, étaient inévitables.

« C'est ici qu'on prend occasion de condamner absolument le procédé du Père; c'est lui, dit-on, qui a eu le dessein d'arrêter le gouverneur, puisqu'il a disposé les moyens et la manière de le faire dont il demeure d'accord. Cette conséquence n'est pas vraie; elle n'est pas juste.

« On vient de faire voir que Firelin était le seul intéressé à faire la conspiration qu'il avait ourdie à Sainte-Suzanne avec le capitaine Royer, par la promesse d'épouser sa fille après la prise du gouverneur; qu'il avait attiré dans son parti du Hall, Barrière, les ouvriers et plusieurs habitants de Saint-Denis, et on vient de faire voir que tout était disposé à cela avant l'arrivée du père Hyacinthe, qui ne fut mandé que pour recevoir avis de la conspiration qui était ourdie, et de l'exécution qu'on en allait faire, mais non pour la faire.

« Du Hall ne peut pas contester qu'il alla avertir Royer pour mener chez Barrière les habitants de Sainte-Suzanne le samedi au soir; et il ne peut pas nier que Firelin lui ait dit qu'il en était averti depuis longtemps; aussi les habitants vinrent le samedi, environ minuit, chez Barrière où les acteurs furent choisis par Royer, pour arrêter le gouverneur, savoir : du Hall, Laroche, Marc Vidot et Macasse. Voilà une conspiration ourdie par le gendre et le beau-père, mais, dit-on, c'était par les ordres du capucin aussi bien que de Firelin.

« Ce fait n'est point véritable, sauf correction il ne peut être attesté que par les véritables coupables qui, pour s'excuser, cherchent à rejeter leur faute sur autrui, se persuadant que par là ils deviendront innocents.

« Il ne faut donc pas recevoir en preuve, contre le défendeur, tout ce que diront Firelin, du Hall, Laroche, Vidot, Marcasse et Barrière, parce que ce sont eux qui ont arrêté le gouverneur et qui, pour pallier leur crime, veulent en rendre le capucin auteur conjointement avec Firelin, quoique ce soit le seul ouvrage de Firelin auquel le capucin n'a point d'autre part que le chagrin de n'avoir pu empêcher ce complot.

« Barrière y avait aussi part puisque ce fut chez lui que se fit le rendez-vous des habitants de Sainte-Suzanne, et qu'il les escorta dans leur entreprise comme dans l'exécution du dessein à l'égard de Bidon; il est devenu beau-frère de Firelin ayant épousé une des filles de Royer, et, par conséquent, tous intéressés dans la perte du gouverneur, tant pour l'élévation de leur famille que par la connaissance qu'ils avaient que si le gouverneur était rétabli ce serait leur perte entière, aussi c'est ce qui a porté tous ces scélérats à faire empoisonner ledit gouverneur dans la prison, ne doutant pas que s'il en sortait ils étaient tous perdus.

« Il ne faut donc pas les entendre comme témoins contre le père Hyacinthe, car leur reproche est de droit; et à l'égard des autres témoins qui sont personnes étrangères, ils ne peuvent parler de la chose que par conjecture et par avoir ouï-dire, et par les apparences extérieures, en quoi ils se trompent, et il ne faut pas s'en étonner, car il semblait au dehors que le capucin approuvait une action qu'il désapprouvait dans son cœur et dans la sincérité de son âme; ainsi, nulle preuve contre lui.

« On fait donc un crime au défendeur d'une action de prudence et de sages précautions apportées en faveur du gouverneur et à dessein de lui sauver la vie. L'histoire des troubles de Paris nous donne l'exemple d'un homme de qualité saisi et arrêté par la populace qui allait le déchirer, sans qu'un sage conseiller passant arrêtât le peuple, dit que ce n'était pas assez, qu'il le fallait mettre en prison, et que le lendemain il serait pendu publiquement, ce qu'il ne fit que dans un sage moyen de lui procurer la liberté et la vie. On peut assurer qu'ici c'est la même chose, qu'il n'y a de différence que dans les circonstances particulières du lieu et des personnes, ce qui milite pour le capucin, car dans un état policé et dans un pays libre il n'aurait agi autrement, mais il faut s'accommoder au lieu et céder à la force.

« Il est vrai que le dimanche matin, trois de ces particuliers, commandés pour arrêter le gouverneur, vinrent parler au Père; mais il est vrai aussi que le Père leur dit qu'ils étaient chargés d'une commission très mauvaise et qu'ils feraient bien de ne s'en acquitter pas; mais il les trouva disposés à ne pas suivre cet avis, il les renvoya.

« Ils allèrent trouver Firelin qui encourageait les ouvriers et tous ses partisans à la générosité de l'action, il leur répandit libéralement de l'eau-de-vie pour les fortifier au combat. On ne peut pas souhaiter une déclaration plus ouverte d'être l'auteur de l'action.

« Le gouverneur s'étant rendu à l'église y fût donc arrêté à l'instant, par du Hall, Laroche, Vidot et Barrière. Il est vrai que se voyant arrêté, il cria au Père qu'il lui sauvât la vie, mais que pouvait répondre le Père dans l'état où se trouvaient les choses? Il dit: « Ne craignez point, Monsieur, on n'en veut pas à votre vie, laissez-vous conduire, vous n'aurez nul mal. »

« Pouvait-il dire ou faire autrement dans la conjoncture du temps, où Vidot avait le sabre à la main pour fendre la tête du gouverneur s'il eût fait quelque résistance? Le Père s'accommodait donc au temps ; il fit plus, car appréhendant qu'il y eût quelque voie de fait hors de l'église, il ôta son aube, prit un petit bâton en main et marcha immédiatement après le gouverneur dans la seule intention de le conserver et d'empêcher qu'il ne lui fût fait aucun mal. Ce procédé par les dehors pour une participation et une apparente complicité même ; il semble que le capucin présidait à l'action, mais on a ci-devant expliqué la différence du *materiale et formale peccati*. La ligne était faite, et les exhortations du capucin n'avaient pu rompre ; il fallait donc plier. Et où était en ce temps le véritable auteur du mal, c'est-à-dire Firelin ? »

« Il était à la porte de l'église, l'épée au côté et deux pistolets en main, escorté de tous les ouvriers, des habitants de Sainte-Suzanne et de tous ceux de Saint-Denis, criant sur le gouverneur. C'est ce qui obligea le capucin de courir promptement pour le conserver, si bien que lui et Firelin étaient là pour des motifs différents, quoique tous deux parussent concourir à l'emprisonnement du gouverneur. On les a déjà expliqués, et on ne les répète pas.

« Si le capucin eût baissé la main, c'est-à-dire s'il ne se fût pas interposé comme il fit à toutes les actions de cette conspiration, il est certain qu'on eût égorgé le sieur de Vauboulon, comme il a été depuis empoisonné, car il était de l'intérêt de Firelin, de Royer, de tous les confédérés, de tous les habitants qu'il ne rentrât pas au gouvernement. Ils ne l'eussent jamais mis en prison, dans la crainte où ils étaient qu'il n'en fût sorti si la présence du capucin n'eût ménagé cela. C'est donc au soin et à la prudence du père que la vie du gouverneur est due, dès le moment où il fut arrêté; au [reste son dessein pour obéir à la rage du peuple, n'était que de le mettre en sûreté en attendant l'arrivée de quelque vaisseau français. Il n'y avait donc, dans le cœur du capucin, qu'une pure et droite intention de conserver la personne du gouverneur, dans un lieu où l'on ne pouvait pas prendre d'autre mesure; car encore une fois, il ne faut pas raisonner de ce qu'on faisait là par rapport de ce qui se ferait en France.

« On a dit que le gouverneur ayant été conduit à la porte de la prison fut fouillé par le capucin qui le fit mettre au cachot, et lui fit attacher des fers aux pieds; mais ce sont là autant de suppositions de Firelin et de ses complices, lesquels, comme on l'a dit, ne doivent être crus en rien. Il y a des témoins désintéressés comme Herdy et sa femme qui disent que Firelin alla chercher des fers pour les mettre aux pieds du gouverneur; il est appris que ce fut le serrurier de la compagnie qui les attacha par l'ordre de Firelin, qu'il était saisi de la clé du cachot, qu'elle lui fut remise en main, qu'il l'a toujours gardée, et que le défendeur ne l'a jamais eue.

« Il est vrai qu'après cette expédition qui s'était

passée sans effusion de sang, le Père retourna en l'église, où il célébra la messe et après chanta le *Te Deum* pendant lequel il fit arborer le pavillon de France et tirer quelques coups de canon. Ce qu'il conseilla : 1° pour rendre grâces à Dieu de ce que le gouverneur, ni aucun autre n'avait été tué dans cette action ; 2° pour unir les esprits, établir et conserver la paix entre eux, et la tenir fidèlement dans l'obéissance qui est due au Roi, et enfin pour ôter au peuple la méfiance de l'opposition que ledit Père avait toujours marquée à l'exécution de ce dessein.

« On peut se tromper en disant que toutes ces cérémonies extérieures sont des marques éclatantes d'une joie et d'une réjouissance extraordinaires ; car la politique et le déguisement du cœur ont en cette occasion toute la part à la cérémonie, et ce n'est point un blâme dans la personne d'un religieux, lorsque, pour le bien public et pour le service du Roi, il est nécessaire de procéder de la sorte en un lieu non policé.

« Il est vrai qu'après cet emprisonnement, le défendeur appréhenda qu'il ne se fît quelque révolte ; car enfin le gouverneur ne laissait pas d'avoir des partisans et des amis, lorsqu'on voit un État sans chefs, où chacun se donne la liberté de songer à soi-même, il se fait des factions pour usurper l'autorité ou pour la partager, comme l'on fit du sceptre d'Alexandre après sa mort. Il appréhenda encore plus que les tumultes n'eussent ouvert la porte à quelque infidélité ou à quelques ennemis de l'État qui eussent chassé la foi catholique et l'autorité de France, qui sont les plus puissants motifs qu'ait toujours envisagés le père Hyacinthe. Il avoue que cette juste appréhension lui a fait des peines, et l'a porté à se donner tous les mouvements qu'il a cru nécessaires pour tenir tout le monde en son devoir.

« Dans cet envisagement, il a dû se charger de l'iniquité d'autrui pour établir la paix ; il écrivit dans le quartier de Saint-Paul, qui est le plus grand et le plus éloigné, que c'était lui qui avait fait mettre le gouverneur en prison pour la sûreté de l'île, pour la conserver à notre invincible monarque, et pour assurer la vie et les biens de tous les habitants.

« Il est aisé de pénétrer dans les motifs pour lesquels le Père écrivait de la sorte, car il est certain que cela ne s'était passé ni pour lui, ni d'après son consentement, mais il fallait le dire ainsi afin de contenir le peuple en son devoir et prévenir les tumultes.

« On savait assez qu'un capucin n'était pas capable d'usurper l'autorité supérieure, et on savait aussi que si cela s'était fait par son ordre, il y avait aussi juste cause de le faire, en sorte que c'était le vrai moyen d'arrêter tous les remuements qui seraient infailliblement arrivés, si on avait su que

Firelin était le seul auteur de la conspiration, parce qu'on n'eût pas été persuadé que cela se fût fait avec toute sorte de raison et de justice. Il fallait donc se charger devant le peuple de tout ce qui s'était passé.

« Mais on connaît ce qui en est par les lettres, et on en pénètre le motif par les termes dans lesquels elles sont conçues, qui est un des plus forts arguments de la candeur de ce bon religieux « *Je vous prie, (dit-il), comme tres bons et très fidèles serviteurs de sa Majesté très chrétienne, de vous tenir paisiblement en vos maisons et de vous mêler en rien dans cette affaire, car qui bougera ou parlera contre, sera mis au cachot comme rebelle au Roi et ennemi du repos et du bien public.* »

« Il dit qu'il attend un commissaire du Roi auquel il donnera la clé du cachot avec les raisons qu'il a eues de faire arrêter cet ennemi des habitants. Cela fait voir qu'il n'attentait donc pas à la vie du gouverneur. Il n'usurpait pas l'autorité puisqu'il remettait tout entre les mains du Roi et de ses officiers ; et à l'égard des raisons qu'il avait eues de faire arrêter l'ennemi des habitants, il prétendait faire informer dans l'île de la mauvaise conduite du gouverneur, et faire connaître en même temps qu'il n'était pas auteur ni participant volontaire de ce qui s'était passé.

« Il exhorte les habitants à pacifier leurs différends par l'avis de certaines personnes de probité, il invite le capitaine du lieu à mettre toutes les armes dans le magasin du Roi. Qui ne voit que c'est pour empêcher les tumultes? Enfin il prie que personne ne se fasse insulte.

« Il envoie à Saint-Paul Bidon et la Citerne qui sont deux domestiques du gouverneur, avec défense de les laisser retourner. Ne voit-on pas que c'est pour ôter toute occasion de révolte dans le quartier Saint-Denis, si les domestiques du gouverneur y fussent demeurés en pleine liberté ? Tout cela n'est que l'effet d'une très juste et très prudente conduite après l'emprisonnement effectué.

« Il dit qu'à présent on pourra aller à la chasse que le gouverneur avait défendue, enfin il exhorte tous les habitants de tout son cœur à la paix ; à l'union et à la concorde. Qui ne voit que tout cela part d'un cœur religieux et bien intentionné ? On ne peut donc envisager cette lettre et toutes les autres, s'il en a écrit de semblables, que comme des lettres apostoliques dans le langage de la réunion, où il n'y a qu'un bon zèle et toujours penchant au bien de la paix.

« C'était, en effet, le seul chemin qu'il dût tenir dans l'état où étaient les choses et par une vraie politique il ne devait rendre suspect à ceux qui appréhendaient le gouverneur, tout prisonnier qu'il était, et qui observaient toutes les démarches du capucin dans la crainte qu'il ne portât à l'élargissement, c'est pourquoi il fallait feindre d'apparence au dehors, ce qu'il détestait en son cœur.

« Tout ceci sert de réponse à deux procès-verbaux où l'accusé semble encore se charger de l'emprisonnement du gouverneur; car il est tellement vrai que tout cela n'est que le fait de Firelin, que lesdits procès-verbaux sont écrits tout au long de sa main. Il est vrai que le père Hyacinthe les a signés, mais pouvait-il en faire refus.

« S'il l'eût fait, quelles en étaient les conséquences ? C'est où Messieurs les juges sont priés de réfléchir. Ce refus eût allumé la sédition, on eût dit que le capucin méditait de rendre la liberté au gouverneur, puisqu'il ne voulait point approuver son emprisonnement auquel il avait tant résisté; Firelin et ses adhérents en eussent tiré des conséquences infinies, et dans la méfiance où ils fussent entrés ils étaient capables de tout entreprendre et de tout faire; ils étaient maîtres du cachot où le gouverneur était retenu, ils eussent commencé par le sacrifice de sa personne et le capucin l'eût suivi de très près. Il faudrait se trouver en semblables occasions pour apprendre à dissimuler; et si on l'a vu pratiquer en des troubles qui se sont élevés dans le sein d'une ville réglée et dans le centre du royaume, que ne doit-on pas dire et que ne doit-on pas faire dans une île éloignée et parmi des barbares ?

« Il ne faut pas dire : Voilà votre main, voilà

votre seing, car la main et le seing ne sont pas toujours le témoignage du cœur ni d'une volonté libre. Le défendeur appelle à son secours sur cela les titres du droit : *quod metûs causâ gestum erit, et quod vi aut clam*, même l'ancien axiôme de droit : *quod vi metus ve causâ* où le prêteur assure : *quod metûs causâ gestum fuerit ratum non habebo*, et le jurisconsulte sur cet édit assure que : *si quid ob hanc causam factum est ; nullius momenti est*. Il ne faut donc pas s'arrêter à un procès-verbal dressé par Firelin et écrit de sa main, présenté dans l'état qu'il est, au père Hyacinthe, lequel n'a osé ni de refuser la signature. Ce procès-verbal contient vérité en tous les faits d'exaction qui y sont couchés contre le gouverneur ; il n'y a de non véritable que l'aveu d'avoir fait emprisonner le sieur de Vauboulon, parce que dans la vérité, ce ne fut ni par l'ordre ni par le consentement libre du capucin que l'emprisonnement fut fait.

Les ennemis de la religion romaine ont osé coucher dans la gazette que le défendant se brouilla avec le gouverneur sur la route en allant dans l'île, qu'il résolut de se venger de l'injure qu'il prétendait en avoir reçue, qu'il dissimula longtemps ce pernicieux dessein, mais qu'enfin il se joignit à Firelin pour se venger. Ce libelle fabuleux rempli d'impostures et de circonstances toutes fausses, vérifiées telles même par les informations, ne part que de la main des ennemis de la religion et de l'Etat, le gouverneur et le capucin n'eurent point de démêlé sur la route et on ne peut pas le présumer vu la différence des états. Ce qui a pu donner occasion à ce bruit faux, c'est que le père Bernardin, étant décédé à la côte du Brésil, le sieur de Vauboulon par son esprit d'avarice voulut avoir la dépouille du défunt, et s'emparer de son coffre, où il s'imagina qu'il y avait de l'argent. Le père Hyacinthe s'y opposa et son frère aussi, qui dirent que la dépouille d'un religieux appartenait à son ordre, et qu'il n'était pas séant de laisser aux mains d'un séculier, l'habit d'un capucin. Ils furent conciliés sur le champ. Le coffre fut ouvert, il ne s'y trouva point d'argent, si bien que toute la dépouille fut laissée aux capucins pour leur usage; y avait-il en cela quelque effet de haine? Et où est l'injure dont parle faussement le compositeur de gazette?

« Il est certain qu'ils vécurent en île sans discorde, que le capucin était souvent appelé à la table du gouverneur, et ils n'étaient pas mal ensemble, puisque le capucin alla lui demander la paix de Firelin.

« D'ailleurs, réfléchit-on que c'est d'un prêtre et d'un capucin dont on parle, qui sait et qui prêche le pardon des ennemis comme nécessaire essentiellement à la foi et au salut? Si on le sait, comment oser dire qu'un religieux qui célèbre tous les jours, se soit approché du plus auguste de tous les sacrements, pendant un an, avec une perfidie dans le cœur pour manger son jugement comme Judas? On voit bien que l'auteur n'est pas persuadé de la vraie religion ni de sa pureté, pour croire qu'il se puisse trouver un religieux, capable d'un crime semblable qui a aussi peu de fondements que tout le reste de la gazette ; c'est avec raison que le poète en parle en ces termes : « *Tam ficti falsique tenax quam nuntio cesti.* » Car il n'y a dans ce récit injurieux que de l'imagination et de l'imposture, comme le dire que le capucin et Firelin persuadèrent que les Hollandais et les alliés s'étaient emparés de la France : on voit par l'extravagance et la fausseté de ce fait qu'elle foi on doit ajouter à tels ouvrages aussi bien que sur le fait insolent de l'apostasie d'un religieux qui ne s'est jamais éloigné de la pureté de sa règle, qui a toujours conservé son état et qu'il conserve encore à présent comme dans le cloître. Il ne peut y avoir que le démon de la calomnie avec toute sa fureur, qui soit capable de lancer des traits si empoisonnés et qui ont si peu d'apparence; que Firelin, au mois de novembre 1690, n'était point marié, ce ne fut au plus qu'en 1691 qu'il épousa la fille de Royer, laquelle ne put donner le jour à son premier enfant qu'en 1692, et on veut qu'un capucin, âgé de 65 ans, prêtre et seul curé de l'île Bourbon, ait demandé en mariage à un catholique français, une fille de 2 ou 3 ans, qui ne pourrait avoir aujourd'hui que 5 ans, s'il en avait au monde.

« Voilà un trait d'histoire si extravagant qu'il suffit pour détruire le reste.

« En autres que ce religieux ait trouvé le moyen de se sauver d'une île dont les approches et la sortie sont impossibles sans le secours de quelque navire français. En effet, ce Père s'en est venu tranquillement dans le navire de Monsieur de Mons qui a donné un témoignage illustre de sa vie et de l'austérité dudit Père. Il n'a point celé ni voulu cacher son arrivée, il a vécu notoirement dans le monastère d'Hennebon pendant trois semaines, sortant et allant par la ville comme les autres religieux.

« Ayant appris que le Père Provincial était à Dinan pour faire la visite, il alla l'y trouver avec la permission de son gardien, en compagnie de deux autres religieux, pour lui demander un couvent de stabilité selon l'usage lorsqu'on vient des missions étrangères.

« Il n'a jamais changé son nom ni sa personne, parce que sa conscience ne lui a jamais rien reproché, et quand on suppose qu'il s'est emparé du gouvernement, le contraire nous est appris par la bouche de ses parties mêmes qui sont : Firelin, La Roche, Barrière et Vidot, aussi bien que par les témoins qui n'ont pu disconvenir que le gouvernement lui fût offert par les habitants de l'île, mais qu'il le refusa comme contraire à ses vœux et à son état, et qu'il proposa Firelin, non pas comme un sujet propre à gouverner, mais comme étant le plus distingué qui, d'ailleurs, était commis et proposé par la compagnie des Indes à la direction de leur commerce dans leur pays ; en quoi il a cru rendre un bon service au Roy et à la Compagnie, afin de tenir toujours le peuple dans un état monarchique, soumis et dépendant d'un gouverneur, en attendant qu'il en eût été nommé un légitime ; et, en même temps, pour assurer à l'Etat français et à Messieurs de la Compagnie leurs effets et leur commerce. Il y eût eu de l'imprudence à laisser un peuple dans l'indépendance et à choisir, à défaut d'un gouverneur légitime, tout autre que Firelin ; les conséquences en étaient infinies, car il avait, de fait, une espèce d'autorité sur les habitants pour raison de son emploi, duquel ils dépendent tous, et sans doute si on eût agi autrement, c'eût été exciter une révolte, on eût jalousé ou méprisé tout autre qui eût été élevé à ce degré d'honneur ; et l'événement a fait connaître que Firelin ayant déjà une alliance concertée avec le capitaine de Sainte-Suzanne et tous les habitants de Saint-Denis étant ses ouvriers, il y avait nécessité de le choisir. Au reste, ce n'est point le capucin qui a fait le choix ; ce furent tous les cantons, sur l'avis, à la vérité, du capucin ; mais il n'est pas défendu à un religieux de donner des avis lorsqu'ils sont salutaires à l'Etat, donnés pour le salut de ses peuples. Il est donc ridicule de lui imposer d'avoir usurpé le gouvernement ou tranché du souverain en nommant, de son autorité, un commandant sur le peuple ; il sait que son vœu le soumet à une obéissance perpétuelle et jamais pour gouverner, et il sait encore que l'épée convient mal avec l'état et l'habit d'un capucin.

« Il ne disconvient pas que Firelin, abusant de l'autorité qui lui avait été accordée dans l'île et faisant aussi des exactions, il fut, à la vérité, poursuivi par les habitants et obligé de se réfugier dans les montagnes, d'où il ne sortit que pour s'embarquer sur un navire qui passait pour aller à Surate. Mais le Père conteste avoir poursuivi Firelin et n'avoir jamais pris les armes, ni s'être rendu chef d'escorte ; il eût cru tomber dans l'irrégularité, et, au lieu de cela, voyant qu'il y avait toujours nécessité d'un chef pour contenir le peuple dans l'obéissance, il moyenna la paix de Firelin avec les habitants et le fit retourner dans l'île, où il reprit le commandement.

« C'est donc très mal à propos qu'on attaque la conduite du défendeur, auquel on fait des crimes des meilleures et des plus prudentes actions qu'il ait pu faire pour le service du roi et pour maintenir son autorité et l'obéissance qui lui est due. — Qu'on ne vienne pas raisonner par rapport à ce qui se ferait dans un Etat libre et dans le cœur de la France ; qu'on réfléchisse encore une fois sur le lieu et sur la circonstance du temps et des choses.

« Ce n'est point attaquer l'autorité du Roi, ni la mépriser ; au contraire, c'est la reconnaître et s'y soumettre entièrement que d'adoucir la manière d'une capture invisiblement déterminée, pour informer le Roy de la mauvaise conduite de son officier ; recevoir ses ordres, et, en même temps, c'est lui conserver la vie qu'il eût perdue sans ce sage tempérament, qu'on n'osa pas ouvertement rebuter. S'il a gémi vingt-deux mois en prison, c'est un coup de malheur que, pendant tout ce temps-là, il ne soit venu à l'île aucun vaisseau de France. Le défendeur a eu des chagrins mortels de ce long retardement, mais il n'était plus temps de l'élargir ; Firelin, sa nouvelle famille et tous ses complices s'y fussent fortement opposés.

« Le défendeur ne pouvait pas le faire lui-même, puisque Firelin avait tout le pouvoir avec la clé de la prison ; ainsi, ce long retardement n'est que l'effet du hasard.

« Si, après tout ce temps-là, il a été empoisonné, il se trouve heureusement que le capucin n'y a aucune part, ni n'en a aucune connaissance. Les auteurs de ce crime abominable sont : Firelin, Le Roy, chirurgien du gouverneur, lequel prépara le poison, Bidon, valet de chambre dudit gouverneur, devenu beau-frère de Firelin, et peut-être ceux qui sont aujourd'hui prisonniers et qui s'assemblent tous les jours dans la prison pour concerter entre eux sur les moyens d'accabler le défendeur par leurs calomnies, persuadés qu'ils sont que, rendant le défendeur complice ou auteur de leur crime, ils en éviteront la peine, ce que la justice n'aura garde d'autoriser. On finit donc cette première partie de l'accusation en suppliant la justice de réfléchir que le père Hyacinthe n'a point excité la sédition, que ça été Firelin par le grand intérêt qu'il avait de la susciter; que le complot étant fait, ledit Père n'a pu en empêcher l'exécution, ayant fait pour cela tout ce qui était en son pouvoir. Au surplus, tout ce qu'il a fait, ça été pour conserver la vie au gouverneur, empêcher le massacre des habitants et assurer le repos de l'île, dans l'obéissance du roi; s'il a péché en cela, c'est contre son opinion et sans croire commettre aucune faute; au contraire, il se flattait de mériter des louanges et quand il pourrait arriver que sa politique ne fût pas approuvée universellement de tout le monde, du moins il espère qu'elle ne sera pas condamnée de tous; et quand un capucin, qui a fait les vœux à dix-huit ans, qui a toujours vécu dans le cloître ou dans les missions étrangères, aurait manqué dans la politique, dans un tumulte séditieux, il ne peut se persuader qu'on puisse lui faire un crime pour n'avoir pu mieux réussir. Du moins, il a cette consolation que sa conscience ne lui fait aucun reproche de toute cette affaire, et qu'il n'a pas manqué à son devoir, puisqu'il n'a pu le remplir autrement et que ses intentions ont été toujours droites pour la fidélité au Roy, pour le bien de l'Etat et du peuple commis à sa direction spirituelle, pour l'observance de sa règle, dont il ne s'est jamais éloigné, et pour le repos de sa conscience.

« SECOND CHEF D'ACCUSATION »

« Ce chef regarde la mort du nommé La Citerne, valet du sieur de Vauboulon, lequel a été effectivement passé par les armes. On suppose que ça été à la persuasion et par le commandement exprès du père Hyacinthe ; mais il le conteste formellement. Il faut entrer dans les circonstances particulières de cette accusation. Quelque temps après l'emprisonnement du sieur de Vauboulon, Firelin nommé commandant dans l'île, fit de son autorité arrêter et emprisonner La Citerne. Le Père capucin était alors à Saint-Paul, c'est-à-dire à sept lieues de Saint-Denis, où se faisait l'emprisonnement.

« Firelin écrivit au Père et lui manda qu'il avait fait emprisonner La Citerne parce qu'il avait été averti par un nommé Emmanuel de Mota, Portugais, qu'il avait fait complot de l'égorger en soupant ; de mander le Père pour assister ledit Firelin qu'on disait être tombé malade, et qu'on lui en ferait autant ; qu'on manderait le Père sur lequel on tirerait dans le chemin de Saint-Paul à Saint-Denis deux ou trois coups de mousqueton, et qu'ensuite on tirerait aisément de prison le gouverneur. Il priait par cette lettre ledit Père de se rendre au plus tôt à Saint-Denis et d'y amener les habitants de Saint-Paul, parce que ceux de Sainte-Suzanne qu'il avait mandés s'y trouveraient aussi sans dire pourquoi faire.

« Le Père obéit à la lettre, il mène avec lui une partie des habitants qui, avec ceux de Saint-Denis et de Sainte-Suzanne informèrent de l'attentat et condamnèrent La Citerne à tenir prison jusqu'à ce qu'il fût arrivé quelque vaisseau de France.

« Ce valet, tout prisonnier qu'il était, ne désista pas de son entreprise, il dit au geôlier trois ou quatre mois après qu'il eût à avertir ses camarades ; mais le geôlier en donna avis à Firelin qui alla à la prison et trouva la serrure de la porte presque détachée, elle fut refermée ; et le Père mandé de nouveau de Saint-Paul avec les habitants. Ceux de Sainte-Suzanne qui sont de l'autre côté de l'île, s'y trouvaient aussi. Il fut de rechef informé du fait à la poursuite de Firelin, lequel nomma même les juges sans que le Père puisse dire le nombre ni les personnes, ni effectivement si Firelin fut du nombre; mais La Citerne fut condamné à passer par les armes, ce qui fut exécuté le même jour, sans que le Père ait eu aucune part à cette condamnation à mort, et il ne le pouvait pas, parce qu'il se serait rendu irrégulier. Il confessa ce malheureux, l'exhorta, et le conduisit au supplice comme il se fait en semblables occasions; mais ne participa nullement à sa mort.

« On en fait pourtant un grand chef d'accusation contre lui et on empoisonna cette action par mille circonstances des plus graves et des plus atroces qu'on puisse jamais imaginer.

« On suppose que c'est le capucin qui a fait arrêter La Citerne, et qui l'a fait constituer prisonnier; que c'est lui qui le fit condamner à la prison la première fois, et que c'est lui qui nomma neuf juges avec Firelin auquel il attribua le droit d'avoir deux voix; que les juges ne voulant condamner La Citerne qu'à tenir prison jusqu'à l'arrivée d'un vaisseau français, le Père s'emporta de colère, les fit rentrer dans la chambre, leur montra un livre parlant que celui qui attente à la vie d'autrui mérite la mort et que sur cela il fit condamner La Citerne sans avoir voulu lui faire grâce.

« Tout cela n'est qu'un discours fabuleux que Firelin et ses adhérents ont inventé, mais ils sont parties et tous parents ou alliés, et par conséquent incapables de faire foi. Firelin et Bidon sont deux beaux-frères pour avoir épousé les deux sœurs, filles de Royer; et Marc Vidot est aussi gendre de Royer pour avoir épousé une de ses filles bâtardes; si bien que voilà une famille unie pour se conserver; aussi, tous les jours ils sont assemblés dans la prison de cette ville pour concerter avec un conseil les moyens de perdre le défendeur, qui est (disent-ils) le seul expédient pour se sauver; mais leurs personnages sont nuls de droit et partout annulent la preuve.

« Au reste, tous les faits qu'on suppose ne sont point véritables et en voici la démonstration : il n'est point vrai que le Père ait arrêté ou fait arrêter La Citerne à Saint-Denis; le Père était à Saint-Paul, où Firelin lui donna avis de l'emprisonnement. Cela est appris par la reconnaissance de La Citerne pour empêcher l'exécution de son mauvais dessein et qu'il en avait donné au Père à Saint-Paul. Ainsi, tous ceux qui disent que ce fut le Père qui fit emprisonner La Citerne, que ce furent Firelin et le Père conjointement, sont par là convaincus d'être faux témoins sur ce fait.

« Sur l'autre où l'on dit que le Père nomma neuf juges pour juger La Citerne, et qu'il donna autorité à Firelin d'avoir deux *voix* c'est une imagination de Bidon, du Hall, la Roche et Barrière auxquels Firelin donne le démenti avec raison, parce qu'il dit, comme il est vrai, que ce ne fut qu'après la condamnation de La Citerne que le père Hyacinthe proposa de nommer neuf habitants pour décider de ce qui se passerait dans l'île, afin de n'être pas dans l'obligation d'assembler tous les habitants à toute occasion ; que cela fut accepté par eux, qu'ils en nommèrent neuf et Firelin pour être le chef comme étant alors commandant dans l'île.

« Il ne faut donc pas dire que ce soit le Père qui a nommé et choisi des juges; ce furent les habitants; et il ne faut pas dire que ce fut pour juger La Citerne, puisque ce ne fut qu'après la mort de La Citerne qu'ils furent choisis dans le peuple. On demandera qui donc a nommé ceux qui ont rendu la sentence de mort? On répond que ce fut Firelin et que lui-même se constitua le chef comme étant commandant dans l'île, ainsi qu'il le reconnaît. Il est vrai qu'il dit que le peuple le nomma, mais il y a peu d'apparence qu'il se soit lui-même constitué chef, attendu sa dignité de commandant. Quoi qu'il en soit, par son propre aveu, ce n'est point le Père qui l'a nommé et qui a nommé les autres juges. Les témoins disent que ce fut Firelin qui le fit mettre au cachot, et qui le fit condamner. Il n'y a que ceux-là qui puissent faire foi et non les coupables et accusés, lesquels d'ailleurs étant tous parents et alliés ne parlent qu'à leur décharge et à celle du principal accusé qui est Firelin.

« Quant au livre que le défendeur doit avoir présenté aux juges c'est un fait inventé par la cabale de Firelin, aussi l'un dit que ce livre portait que celui qui attentera à la vie d'autrui, encore qu'il ne l'ait pas tué, mérite la mort, et l'autre dit que qui attentait sur l'Eglise, méritait la mort ; cette contrariété fait bien connaître le peu de vérité qu'il y a en cela.

« Le défendeur ne s'est point ingéré de la mort ni de l'emprisonnement de La Citerne ; il mena les habitants de Saint-Paul à l'ordre qui lui fut donné de le faire, il ne s'est point ingéré de les nommer juges, cela n'était pas en son pouvoir ni de son caractère ; il se retira dans son hospice pendant le jugement ; il ne sollicita ni la mort, ni la vie, mais laissa un cours libre à la justice; l'accusé fut conduit à la chapelle, lié ; le père le confessa et le reconfessa plusieurs fois, il l'exhorta à souffrir la mort patiemment comme c'était son devoir ; mais il n'a nullement sollicité la mort, loin d'y avoir contribué. Aussi, nul des témoins n'en parle positivement, ou du moins, ceux qui en parlent, ne déposent que par ouï-dire, et c'est n'assurer rien de certain.

« Cela provient de l'opinion où étaient les habitants que rien ne se passait que par l'ordre du capucin ; ils ont cru que c'était lui qui ordonnait tout, qui réglait tout, et disposait de tout, sous prétexte qu'ils l'avaient vu conduire le gouverneur en prison ; mais l'opinion est souvent trompeuse, entre autre cette occasion où l'on ne savait pas ce qui se passait sourdement, c'est-à-dire la conspiration de Firelin contre le gouverneur, et que le père n'y paraissait que pour empêcher le désordre, vu que par l'apparence extérieure des faits, il paraissait pour auteur.

« C'est la même chose pour La Citerne ; la plupart ont cru que c'était le capucin qui faisait mouvoir toute la machine de cette tragédie ; mais c'était Firelin par rapport à son intérêt pour se conserver le gouvernement et la vie aussi bien que ceux qui l'avaient arrêté.

« Voici donc une cause toute pleine de réflexion, et dont la décision ne doit pas se tirer de l'apparence extérieure des faits. Il faut pénétrer dans le cœur et entrer dans les mouvements intérieurs, puisque ce n'est que par là qu'on peut être jugé coupable et criminel et qu'on le devient.

« Pour commettre un crime, il faut avoir des vues d'intérêt, d'utilité, d'honneur ou d'ambition, et on ne peut pas dire en cette occasion, pour peu qu'on réfléchisse sur la personne et sur l'état des choses.

« Un capucin qui a fait des vœux étroits et d'obéissance et d'humilité, sera-t-il présumé agir par ambition et dans un dessein de commander ? Cela répugne au bon sens, et comment le dire, puisqu'il est appris que le gouvernement lui fut offert et qu'il le refusa ?

« Si on veut dire qu'il n'a pas laissé d'avoir un

grand empire dans le pays, cela ne peut être dit que par rapport au spirituel, lorsqu'il a vu que les exactions et les crimes régnaient, il a eu une sainte ambition de déraciner et d'en purger la source, non pas par le sang, mais par une expulsion comme Firelin.

« On ne peut pas présumer qu'il ait eu des vues d'intérêts et d'utilité, puisqu'il n'a vécu que d'aumônes, qu'il n'a pas même touché la pension de trois cents livres que Sa Majesté lui avait assignée, et qu'il a toujours gardé son vœu de pauvreté dans toutes ses actions comme dans son habit et dans ses repas. Aussi, heureusement, n'est-il pas accusé ni même soupçonné de ce côté-là. Dans quels motifs veut-on qu'il ait donc commis de grands crimes ?

« On ne s'imaginera jamais qu'on se rende criminel gratuitement, que l'on fasse le mal parce qu'il est mal ; que l'on soit tout ennemi de soi-même que de regarder le crime sans autre vue que du crime et du supplice qui le menace. Voilà pourtant ce qu'il faut dire de l'accusé. On veut qu'il se soit rendu l'objet de la peine et de toute la sévérité des lois, qu'il soit tombé dans un crime de lèse-majesté, et dans une involution de crimes, de cruautés et d'irrégularités sans passions, sans intérêt.

« Tout cela convient mal à la vie et à l'état d'un capucin, il faut considérer les choses dans un bon aspect et par l'influence qui convient à un ordre florissant en vertus, en dévotion et en austérités.

« C'est de cet œil bénin et favorable dont on se flatte que la justice regarde les actions de l'accusé ; elle ne trouvera de ce côté-là rien que de juste, de prudent et de réglé dans la conduite du Père. Son cœur et la pureté de ses intentions n'ont jamais eu que cet objet et tout, considéré par rapport à cette droiture d'âme, c'est ce qui fait espérer que ledit *défendeur* sera jugé absout de l'accusation.

« Signé : M. de la Rivière Chériel, rapporteur, Turmier, avocat. »

« Cette affaire a été jugée en Bretagne dans l'été de l'année 1697.

« Firelin fut condamné à être pendu et fut exécuté.

« Le père Hyacinthe fut condamné aux galères ; il fut conduit à Brest pour être mis à la chaîne ; mais le roi le fit remettre entre les mains de son supérieur pour être puni selon l'énormité du crime.

« Les autres *coupables* furent acquittés. »

Telle fut l'issue de l'arrestation du gouverneur Habert de Vauboulon par Michel Firelin commandant de l'île, avec la participation du père Hyacinthe, ainsi que l'établit l'arrêt.

Firelin fut seul reconnu coupable de la mort du gouverneur.

Les conjurés Marc Vidot, Leparitho, Du Hall, Barrières et Laroche furent renvoyés de la plainte, le capitaine Royer de Sainte-Suzanne mourut pendant l'instruction de l'affaire. Nous voilà donc bien fixés sur l'événement qui eut, en 1690, tant de retentissement dans la colonie, et qui causa beaucoup d'émoi parmi nos ancêtres.

NOMS DES QUARTIERS

HISTOIRE ET LÉGENDE

LE nom des quartiers et des plus petites localités de la colonie n'est pas, comme on le suppose, l'effet du hasard.
Chacun a sa légende, que le temps a consacrée.

Dans cette causerie, nous allons indiquer l'origine de quelques-uns d'entre eux, qui remontent presque tous au début de la colonisation de cette île.

Saint-Gilles-les-Bains, cette charmante oasis, à 9 kilomètres à l'ouest de Saint-Paul, traversée par le frais cours d'eau de la ravine qui porte ce nom, est appelée, dans un avenir prochain, grâce au chemin de fer qui la mettra à quelques minutes de Saint-Paul et de Saint-Denis, à être le rendez-vous de tout le monde élégant colonial.

Déjà, malgré les difficultés de transport, depuis quelques années, ce village est devenu le lieu de réunion des familles qui viennent y passer les vacances d'avril et de septembre.

On y trouve le bain de mer fortifiant. Bientôt on y verra une source d'eau thermale déjà pressentie par quelques buveurs crédules, et même indiquée dans l'annuaire.

Saint-Gilles aura aussi sa vogue comme Etretat et Arcachon, stations balnéaires inventées, il y a quelques années, par des feuilletonistes en villégiature.

Qui connaissait ces deux bourgs maritimes de la Normandie et de la Gironde, il y a trente ans ?

Aujourd'hui, tout le *high-life* européen s'y transporte en été ; les hommes de lettres, les profonds politiques, les artistes désœuvrés y vont en foule se remettre de leurs fatigues et y promener leurs ennuis.

Ce village ne prend son nom ni d'un fait important ni de celui d'une illustration locale.

Voici la légende :

Gilles Launay, l'un des compagnons du commandant Regnault, brave homme s'il en fut, vint de Madagascar, quelque temps avant ce dernier, se remettre à Bourbon des fièvres contractées sur la Grande-Terre ; ce gouverneur lui concéda, le 5 septembre 1668, tout le terrain dit le *Boucan-Canot, borné d'un côté, du chemin des Chasseurs, de de l'autre du cap de Saint-Gilles et de la mer.*

Le bonhomme Gilles Launay, ne se croyant pas

assez en sûreté par ce premier titre de propriété, suivant un acte du commandant Bastide, du 29 octobre 1698, la concession ci-dessus mentionnée lui fut confirmée.

Sa *case* devait être bâtie sur le flanc de la montagne, à l'endroit où l'on voit encore la grande construction en pierre, actuellement en ruine, ayant appartenu ensuite à la dame Jeanne Dubois, veuve Bertaut, épouse en secondes noces de Romain Dachery, ruines qui, dit-on, ne sont, aujourd'hui, hantées les nuits que par les esprits des ténèbres.

C'est ce même Gilles Launay que le gouverneur Jacob de Lahaye envoya en députation près de nos colons que le farouche gouverneur de La Hure avait forcés à s'exiler dans le sud de l'île, au lieu appelé les *Grands-Bois*, à 4 kilomètres de la rivière d'Abord ; il sonna de l'*encive*, appela nos créoles fugitifs et remplit sa mission.

Le village de Saint-Gilles actuel prit, en conséquence, son nom de celui du bonhomme Gilles, son premier concessionnaire.

LA POSSESSION

En 1642, M. de Pronis, agent de la compagnie des Indes, prit possession de l'île Mascareigne au nom du Roy. L'endroit où s'est accomplie cette cérémonie, et où s'est formé plus tard un village qui veut à présent se détacher de Saint-Paul, sa mère nourricière, et avoir droit de cité, reçut son nom de Possession en souvenir de cet événement.

SAINT-PAUL

La légende seule nous sert de guide pour notre affirmation au sujet de ce quartier.

Saint-Paul n'aurait pas dû son affranchissement au simple hasard : la ville un moment capitale de l'île Mascareigne et de Bourbon, fut décapitalisée le 26 septembre 1738 par Labourdonnais; le 6 janvier 1862, elle fut amoindrie, sans aucune raison d'*utilité publique,* par un gouverneur créole, M. Hubert de Lisle ; celui-ci fit transférer à Saint-Pierre le tribunal de première instance, siégeant à Saint-Paul, qui avait remplacé la cour royale en 1832. Saint-Paul doit, dit-on, son nom à cette circonstance que la première prise de possession de l'île, faite en 1642 par M. de Pronis, aurait eu lieu le 29 juin de cette année, anniversaire de la fête des apôtres saint Paul et saint Pierre. On aurait alors baptisé du nom du premier de ces deux évangélistes la ville naissante, qui, après bien des vicissitudes, reprendra, il faut bien l'espérer, dans un avenir prochain, le rang que la nature, son climat et sa belle rade lui ont toujours assigné parmi les villes et les quartiers de la colonie.

SAINT-DENIS

Un peu après l'arrivée dans l'île de Regnault et de ses compagnons, envoyés en 1665 par la compagnie des Indes, celui-ci créa, à 7 lieues à l'est de Saint-Paul, une habitation que l'on croit avoir été établie sur l'emplacement du gouvernement, ou peut-être un peu au-dessus, près de l'église, sur le lieu où sont aujourd'hui construits les bureaux de l'ordonnateur et l'hôpital militaire.

L'escadre du marquis de Mondevergue, amiral, vice-roy des Indes, arriva dans la colonie en 1667 ; elle jeta l'ancre devant l'établissement récent de Regnault, non encore désigné nulle part.

Parmi les bâtiments composant cette escadre se trouvait le Houcre, le *Saint-Denis*, capitaine Chaulatte.

Chaulatte, ami de Regnault, commandant ce navire, portant, du reste, le nom du patron de la ville, près de Paris, où sont déposées les cendres des rois de France, donna, on le suppose, le nom de son bâtiment à l'habitation de Regnault ; ce n'est qu'en 1668 que fut établi le village appelé de ce nom, qui prit un si grand développement sous l'administrarion de M. de Labourdonnais.

SAINT-LEU

D'après la légende, un sieur de Laleu, aux mœurs douces, ami de la solitude, se fixa, à une époque que ne déterminent pas les annales coloniales, dans cet endroit isolé qu'on appela le *Boucan de Laleu* ou *Repos de Laleu*, du nom de ce premier habitant.

La commune de Saint-Leu doit, dit-on, ce vocable au solitaire qui se fixa dans ce lieu alors désert.

Cette localité fut plus tard désignée sous le nom de Saint-Leu lorsqu'on l'érigea en communauté, le 8 août 1790.

SAINT-PHILIPPE

De création naissante, Saint-Philippe doit son nom à Sa Majesté Louis-Philippe Ier, roi des Français.

Ce quartier ne fut érigé en commune que le 4 juin 1831 ; il était auparavant une section du *Baril* de Saint-Joseph.

SAINT-JOSEPH

En 1784, MM. le baron de Souville, Greslan, commissaire du roi près le tribunal Terrier, le chevalier Banks, arpenteur de l'Etat, accompagnés de MM. Ozoux, secrétaire de M. de Souville, Deville, Desfosse et Joseph Hubert, firent un voyage d'exploration dans le territoire sud-oriental de l'île, de Saint-Benoît à la rivière d'Abord, par le bord de la mer; le chemin qui traverse aujourd'hui le *Grand-Brûlé* n'existait pas alors.

C'est à la suite de ce voyage et sur l'initiative de Joseph Hubert que la création du quartier Saint-Joseph fut résolue. Il ne fut définitivement établi que le 1er janvier 1785. Hubert en fut nommé le commandant. Il s'acquitta en toute conscience des intérêts qui lui étaient confiés; il introduisit le giroflier dans cette partie inculte de l'île. Il voulut l'appeler *Nouvelles Moluques ;* le nom de Saint-Joseph, qu'on adopta, était celui de M. le baron de Souville.

Joseph Hubert est né à Saint-Benoît le 24 avril 1747; il fut un agronome distingué, digne ami de M. Poivre, comme lui, l'un des bienfaiteurs de la colonie. On lui doit l'introduction et la propagation du giroflier, du muscadier, de l'anone, de l'ayapana, du cacaoyer, du bancoullier, de l'avocat, du sapotillier, du vanillier et du mangoustan.

L'intéressante publication de M. E. Trouette sur Hubert, nous révèle la touchante anecdote suivante :

En juillet 1772, M. Poivre envoie, de l'île de France à la Réunion, quelques plants de giroflier; M. Hubert vient à Saint-Denis chercher celui qui lui est destiné ; il l'accompagne jusqu'à Saint-Benoît, le met en terre dans son jardin du *Bras-*

Mussard. Ce frêle arbuste languit 20 ans avant de s'acclimater. Pendant cette période, il eut à supporter bien des coups de vent qui, maintes fois, ont menacé son existence ; quelle suite d'anxieuses perplexités !

La nuit, à la moindre apparence de mauvais temps, Hubert se rend près de son précieux arbre à épices, accompagné de son fidèle jardinier, Jean-Louis ; il renouvelle les liens qui le tiennent, l'enveloppe de toile ; un soir, un cyclone se déchaîne sur la colonie ; le premier soin d'Hubert est d'aller vers son cher giroflier, déjà Jean-Louis l'a devancé, il le trouve l'entourant de ses bras et le garantissant contre les efforts de la tempête : digne serviteur d'un tel maître.

Ce giroflier, après tant de soins intelligents, devient arbre, il fructifie enfin et répond largement aux soins de notre agronome.

Le 21 février 1806, pendant le terrible ouragan si tristement célèbre dans la colonie, qui a détruit les caféiers et une grande partie des girofliers, et fait abandonner, tout au moins pour un long temps la culture du caféier pour celle de la canne, Hubert était au *Boudoir*, situé, comme on le sait, sur la rive gauche de la rivière des Marsouins. Le torrent ne lui permet pas de la traverser pour aller au *Bras Mussard*, sur la rive droite ; quatre jours, il reste éloigné de son habitation, il passe enfin la rivière ; il se dirige vers son giroflier, le cœur lui bat.

9

Comment le trouvera-t-il après la tourmente ? il le voit brisé, abattu ; il ne peut retenir ses larmes ; il s'assoit sur le tronc de son arbre déraciné ; il se rappelle que c'est à ses branches qu'il a suspendu le portrait de M. Poivre, lors de la fête qu'il a donnée en le recevant ; que c'est à son ombre que le même jour, il a lu à Jean-Louis son acte d'affranchissement ; il se rappelle que c'est à cet arbre qu'il doit sa fortune et celle de son pays.

Il fait bâtir à la place occupée par ce giroflier un petit pavillon où il a mis le tronçon de sa tige et le panier qui le recouvrait lorsqu'il l'a reçu de M. Poivre.

Ce tronc d'arbre est encore conservé ; on devrait l'utiliser dans le piédestal du petit monument que la colonie reconnaissante élèvera à cet homme utile.

Nous n'avons pu résister au désir de faire cette courte digression ; revenons à Saint-Joseph.

Hubert avait pris sous sa paternelle protection ce village naissant ; en toute circonstance sa bienveillance lui était acquise.

Un jour, de pauvres créoles s'étaient établis sur les réserves coloniales mal délimitées de ce quartier, et, avec la tolérance de l'administration, ils s'y étaient bâti des cases ; ils avaient mis en valeur ces terrains incultes et abandonnés ; à un moment, le gouvernement voulut les en chasser.

Joseph Hubert s'indigne de cette injustice ; il

prend en mains la défense de *ses enfants* ; il écrit mémoires sur mémoires en leur faveur ; réclame les droits résultant de leur paisible possession acceptée tacitement par l'administration.

Un procès est sur le point de s'engager entre ces prolétaires incapables de se défendre et le gouvernement : vieille lutte renouvelée du pot de fer et du pot de terre.

Hubert s'interpose. Il écrit au gouverneur : « Qu'il n'a jamais quitté son pays, que s'il n'ob« tient pas justice pour ses enfants, il ira en France « se jeter aux pieds du roi, et faire valoir leurs « droits. »

Le plus complet succès couronne cette généreuse protection.

En 1810, sous l'administration anglaise, le gouverneur Farghuar, reconnaissant les services rendus par Hubert, notamment son zèle pour la population de Saint-Joseph, voulut appeler ce quartier *Saint-Hubert*, du nom de son fondateur ; ce dernier, toujours modeste, refusa cet hommage.

Les Romains de la bonne époque avaient le culte des morts ; ils conservaient un pieux souvenir des citoyens qui avaient rendu des services à la patrie ; les lieux publics et le long des routes étaient ornés de leurs statues en marbre. Cet exemple est bon à suivre. Le buste de Joseph Hubert, comme celui de son ami Poivre placé dans le jardin colonial, devrait être la tardive récompense due à cet homme de bien.

SAINTE-MARIE

L'origine de Sainte-Marie remonte aux premiers temps de la colonisation de ce pays.

« Le gouvernement français, en prenant possession de l'île Mascareigne, délaissée par les Portugais, y avait trouvé quelques colons ; de ce nombre était Noël Tessin, le premier occupant du terrain compris entre *le Charpentier* et la ravine *des Chèvres*. A sa mort, sa veuve qui avait épousé en secondes noces, Dominique Ferrier, partagea ses vastes domaines entre ses enfants du premier lit. Or, de ce mariage avec M. Tessin, cette dame avait eu sept enfants, deux garçons et cinq filles. L'aînée de ses filles épousa Emmanuel Descotte ; la deuxième, Michel Maillot ; la troisième, un Damour ; la quatrième, Yves Bègue, et la cinquième Michel Crosnier, vaillants pionniers de la colonisation ; ces premiers habitants se sont mis à défricher le sol de Sainte-Marie, et ont peu à peu transformé les forêts qui couvraient ces terrains en champs riches et fertiles. Les descendants de ces anciens créoles existent encore dans la commune. »

« Bien qu'elle fût habitée, cette partie de la colonie, située dans la région appelée *le Beau Pays*, resta longtemps encore privée de cette vie sociale qu'alimente seule une agglomération d'hommes réunis sur le même point.

« Sainte-Marie n'était pas encore fondée ; c'est à l'événement tragique que nous allons rapporter que ce quartier paraît devoir son nom et sa première origine.

« Vers le commencement de 1667, un navire français, détaché de la flotte du marquis de Mondevergue dont il faisait partie, fut envoyé à la découverte d'un point du littoral, propre au débarquement des malades. Chemin faisant, ce navire aperçut un petit bâtiment aux allures suspectes, et lui donna la chasse. C'était vers le soir ; les grands arbres dont le rivage était alors couvert projetaient au loin leur ombre sur les flots : les forbans s'empressent de profiter de cette circonstance pour échapper, en rasant la plage, aux poursuites dont ils sont l'objet. Ils réussissent, mais pour tomber dans un danger non moins redoutable. Dans sa fuite précipitée, leur petit bâtiment s'engage dans les récifs d'où leurs efforts désespérés ne peuvent le faire sortir. »

La mort affreuse, inévitable, menace ces forbans. La nuit se fait. Sur le commandement de leur chef, ils font un vœu qu'ils jurent d'accomplir à la sainte Vierge, si elle daigne les exaucer dans leur détresse extrême. A ce moment, une vague énorme les jette sur les rochers où le vaisseau se brise.

Précipités dans les flots, par la violence du choc, dans ce naufrage nocturne, sur une plage solitaire et inconnue, ces naufragés luttent en désespérés ; sans provisions et presque sans vêtements, ils n'ont, pour se soutenir sur cette mer agitée, que quelques débris du navire.

Séparés les uns des autres pendant cette affreuse nuit, ils se retrouvent tous le lendemain sur la plage où la mer les a jetés sains et saufs.

Le vœu, qu'au moment du danger, ces forbans avaient fait, était donc exaucé. Ils l'accomplissent aussitôt. Leur chef ordonne à sa troupe qu'un monument de reconnaissance s'élève près du lieu où ils ont été sauvés des eaux.

Les débris du naufrage sont transformés en un sanctuaire auquel ils donnent le nom de Sainte-Marie. C'est pourquoi le bourg établi plus tard dans cet endroit a été appelé de ce nom.

Ces forbans ne se fixèrent pas immédiatement dans ce lieu solitaire ; ils allèrent se réunir aux Français arrivés en 1665, et qui s'étaient établis près de *l'Etang de Saint-Paul,* sous la conduite d'Etienne Regnault.

La modeste chapelle de Sainte-Marie ne resta pas inconnue ; bientôt elle devient l'objet d'un pèlerinage. On y accourt de Saint-Paul et de Saint-Denis ; à cette occasion, s'y établit une espèce d'auberge où l'on offrait à boire, à manger et même à coucher aux pèlerins.

C'est là, sans doute, l'origine du quartier de Sainte-Marie qui commença à être habité en 1671. En 1699, les quelques habitants qui s'y fixèrent entreprirent de construire une chapelle plus solide et plus vaste qui fut achevée en 1703.

Le cardinal de Tournon, légat *a latere* du pape Clément XI, aux Indes et en Chine, qui se trouvait alors de passage à Saint-Paul, vint bénir le nouveau sanctuaire élevé à la Vierge. Il y célébra la messe.

Ce ne fut qu'en 1733, que le quartier Sainte-Marie, l'un des plus anciens de la colonie, fut érigé en paroisse.

HELL-BOURG

La source d'eau thermale de *Hell-Bourg* au milieu du grand cirque de *Salazie*, jaillit dans le *Bras Sec*, l'un des torrents qui se jette dans la rivière du *Mât*. Elle est aux pieds des *Salazes* et du *Piton des Neiges*, entourée de montagnes gigantesques inondées de bruyantes cascades, et placée dans la situation la plus pittoresque ; elle porte le nom du gouverneur de Hell sous l'administration duquel ce village a été fondé en 1840, et a pris de l'extension.

Hell-Bourg fait partie de l'agence municipale du *Petit Sable* malgré ses velléités de séparation administrative.

Le monde élégant des deux îles, et celui qui, la

plupart du temps, va chercher aux eaux les plaisirs et la distraction, se rendent annuellement à Salazie.

MAFAT

Vers 1743, sous le gouvernement de M. Didier de Saint-Martin, l'administration coloniale fut obligée d'organiser des *détachements* (1) pour parcourir l'intérieur de l'île et faire la chasse aux *noirs marrons* qui s'étaient mis en hostilité ouverte avec l'autorité. Ces révoltés faisaient de fréquentes incursions dans les habitations des Hauts, dévalisaient et assassinaient les propriétaires de ces plantations éloignées du quartier.

Dans un vaste encaissement de la rivière des Galets, véritable entonnoir fermé de tous côtés par la chaîne du *Grand Bénard*, celle de *Cimandef* et la montagne dite de *Bronchard*, vivait un vieux noir marron; ce vieillard était *Mafat*, le grand sorcier des Malgaches qui s'était retiré dans une caverne dans le lit de la rivière des Galets, près des eaux sulfureuses portant aujourd'hui son nom, et que, à cause de ce voisinage les Malgaches, ses frères, appelaient alors le sorcier des *eaux puantes*.

La station des eaux sulfureuses, à 26 kilomètres

---

(1) Patrouilles de volontaires chargées par le gouvernement de parcourir l'intérieur de l'île à la recherche des noirs marrons.

de Saint-Paul, a conservé le nom de ce sorcier, tireur de *Sikidis* (1).

Mafat est la seule station thermale sulfureuse de la mer des Indes ; elle fut signalée, il y a une trentaine d'années, par des chasseurs de cabris dont l'attention fut attirée par les exhalaisons peu odoriférantes de la source.

Elle est moins bien partagée au point de vue du pittoresque et de l'agrément, que Salazie et sa voisine Cilaos. Ses eaux sont d'une grande efficacité curative pour les maladies cutanées.

D'autres étymologistes prétendent que le mot Mafat d'origine malgache veut dire chaud, mauvais, nuisible.

CILAOS

Les eaux thermales de la colonie jaillissent toutes de la base du Piton des Neiges, au fond de ce vaste volcan éteint au milieu duquel se dresse cette montagne de 3,069 mètres dont la cime se couvre quelquefois de frimas dans les mois de juin, juillet et août.

Cilaos a aussi sa légende.

On trouve dans ce mot le *Tsi*, privatif de la langue malgache. Laos ou Lahotse veut dire *propre*; le nom tout entier de Cilaos, si notre rensei-

---

(1) Sortilèges.

gnement linguistique est exact, correspondrait à celui de *malpropre*.

Si le lecteur veut bien nous le permettre, ne pénétrons pas plus avant dans l'obscurité de la langue malgache, et revenons à la légende qui n'est pas dépourvue d'un certain cachet sauvage. Cilaos était, à ce qu'il paraît, le nom d'un illustre marron de cette race, établi d'abord sur le plateau de l'intérieur allant du morne de l'*Angevin* à la caverne des *Lataniers*; traqué par les détachements il transporta son quartier général dans l'une des îlettes du cirque où coule le *Bras de Cilaos*. Ceci pouvait se passer en 1740, à la même époque où le sorcier *Mafat* se réfugia dans la caverne située dans le *Bras de la rivière des Galets*, au-dessus du rocher d'où jaillit la source d'eau sulfureuse. Là s'arrête la légende.

Cette appellation de *Cilaos* fut étendue à l'îlette des *Étangs* où se trouvent les eaux thermales du *Bras* qui porte le même nom; elles furent découvertes vers 1814 ou 1815 par un chasseur de cabris du nom de Paulin Técher.

En 1817, un jeune médecin du nom de Sénac, accompagné de M. Bréon, directeur du jardin colonial, y fut envoyé par l'administration pour reconnaître ces eaux et en faire leur rapport. Les premiers baigneurs n'y firent leur apparition qu'en 1834 ou 1835.

On arrive à *Cilaos* par un chemin de piéton

ayant un développement de 38 kilomètres, pittoresque et serpentant sur le flanc des remparts qui l'encadrent des deux côtés ; ce sentier, établi avec une hardiesse incroyable, donne le vertige au voyageur déjà disposé aux émotions par le mode primitif de transport en fauteuil conservé jusqu'à ce jour.

L'aménagement de ces eaux laisse beaucoup à désirer. On prend encore à présent son bain en creusant simplement un trou dans le lit du *Bras des Étangs*, un véritable bain de tourlourou.

La température de Cilaos est la plus fraîche de de la colonie ; ses eaux sont thermales, *bicarbonatées, sodides, carboniques faibles* et d'un mérite curatif plus apprécié que celui de Salazie.

SAINT-PIERRE

Pierre Cadet fut l'un des premiers habitants de la colonie ; il débarqua à Saint-Paul vers 1670 ; c'est lui qui dirigea le petit groupe de réfugiés dont nous avons parlé dans notre chapitre II ; il alla s'établir en 1671 dans le sud de l'île au delà de la rivière d'Abord pour fuir les vexations et les brutalités du gouverneur de La Hure. Il se fixa dans un lieu désert couvert d'arbres de haute futaie, endroit que l'on désigne encore aujourd'hui sous le nom de *Grands Bois*.

Pierre Cadet jouissait d'une grande considération dans cette bourgade naissante. Son fils portant le même prénom que lui accrut la notoriété et l'influence paternelle. C'est vers lui que M. Jacob de La Haye, arrivant à Saint-Paul, et s'apercevant du départ de plusieurs colons, dépêcha le bonhomme Gilles Launay pour l'engager à revenir ainsi que ses compagnons qui s'étaient exilés volontairement dans cette partie de l'île pour se mettre à l'abri des tracasseries du gouverneur et y chercher le repos et la tranquillité.

Le quartier Saint-Pierre prit, sans doute son nom de celui de ce personnage influent, son fondateur ou peut-être donataire de l'endroit où s'est établie la paroisse de Saint-Pierre.

Ainsi, de nos jours nous voyons la chapelle de *Mahavel* désignée sous le vocable de Saint-Augustin en souvenir d'Augustin Motais, de cet honorable habitant, l'un des trois bienfaiteurs et fondateurs de la prospérité saint-pierroise. Celle du *Tampon* sous celui de Saint-Gabriel du nom de M. Gabriel Le Coat de Kreguen, donataire du terrain sur lequel elle a été construite; celle de Sainte-Thérèse à la Saline, « Saint-Paul » par la même raison, ainsi des autres.

Voilà comment s'établissent les étymologies. C'est sans doute en vertu de ce même usage que Pierre Cadet a donné son nom à la paroisse de Saint-Pierre. Il ne faut pas chercher ailleurs celle qui nous occupe.

C'est en 1735 que fut établie la paroisse de Saint-Pierre ainsi que le premier notariat tenu dans ce quartier naissant par M. Guy Lesport.

L'on voit dans un acte du gouverneur de Bellecombre de 1768, un règlement pour l'appropriation du chef-lieu du quartier de la *rivière d'Abord, paroisse de Saint-Pierre*.

Je laisse à mon ami, Charles Frappier de Mont-Benoit, le soin d'expliquer scientifiquement l'étymologie de *Terres-Saintes* donnée à cette annexe de Saint-Pierre. Il dira beaucoup mieux que je ne pourrai le faire comment ce terrain couvert de bois de *Sinte*, plante épineuse qui se trouve dans la flore du pays et plus particulièrement jadis dans cet endroit que l'on a appelé plus tard terre des Saintes ou simplement *Sintes*, on a fait pompeusement la *Terre-Sainte*, cette bourgade où sont établis la plupart des pêcheurs du quartier et qui a donné naissance à l'intrépide sauveteur Moïse Bègue.

Il ne faut pas chercher ailleurs les appellations de nos différentes communes et de nos trois stations thermales, et leur donner une origine de fantaisie, celles que nous leur attribuons dans cette causerie sont basées sur la probabilité.

Quant aux noms des autres quartiers de l'île, nous chargeons le lecteur de les trouver lui-même en prenant pour point de départ les indications par nous acceptées.

Le nom de Saint-Paul, dit une autre légende, aurait été donné à la baie dans laquelle Regnault et ses compagnons abordèrent, en souvenir du navire le Saint-Paul, de l'escadre de l'amiral de Beausse, porteur de ces premiers colons.

PLAN DU QUARTIER SAINT-PAUL

EN L'ISLE BOURBON

levé et dressé par

ESTIENNE DE CHAMPION

La Pointe des Galets.

Louis XIV venait de mourir, humilié par la coalition européenne, qui lui faisait expier le moment glorieux de son règne ; le Régent préludait à ses saturnales qui devaient aboutir aux orgies de Louis XV, règne que le grand Frédéric désignait, par ironie, sous le sobriquet de « gouvernement de Cotillon III. »

Les questions politiques les plus importantes se décidaient dans les petits soupers du petit Trianon, entre un verre de vin de Champagne et un baiser de la Pompadour. Saint-Simon, l'ami intime et le conseiller du Régent, était alors plus occupé de la *grave question des Bonnets* et du droit de préséance des ducs sur les présidents à mortier, que de l'avenir colonial de la France. On ne songeait quelquefois aux colonies que pour les abandonner, témoin le Canada.

Au milieu de cette confusion et de cet abandon des intérêts les plus graves, le secrétaire d'Etat de la marine, qui avait dans son département, en 1720, les affaires coloniales, et dont le nom n'est pas resté dans l'histoire de l'île, songeant qu'il y avait par delà les mers une colonie dont l'avenir pourrait un jour intéresser la France, envoya à Bourbon un ingénieur, du nom de Estienne de Champion, qui visita nos côtes, fit l'hydrographie de la belle rade de Saint-Paul qui a toujours et de tout temps attiré l'attention des ingénieurs venus dans la colonie. Cet ingénieur nous a laissé la plus ancienne carte qui ait été faite de la baie et de la ville de Saint-Paul. Les sondages de la baie, l'indication des ravines, dont les noms se sont conservés jusqu'à nos jours, rien ne manque à ce précieux document.

L'étang occupait alors une grande étendue sur le territoire du quartier ; ce n'est qu'en 1769 que l'ordonnateur de Crémont construisit la belle chaussée qui a fait disparaître les cloaques existant à l'extrémité sud des emplacements de la rue Saint-Louis actuelle.

De plus, Estienne de Champion a eu la pensée de faire aussi le plan de la ville qui ne possédait alors qu'un seul sentier sablonneux, partant de la Caverne et aboutissant à l'Etang, à l'endroit dit le *Banc des Roches*, sentier aujourd'hui transformé en rues portant les noms : de la Caverne, du Commerce et de Saint-Louis.

Les emplacements des maisons des premiers concessionnaires sont indiqués à droite et à gauche du sentier ; les noms des premiers habitants de l'île qui les possédaient ont été conservés par lui dans une légende.

Ce document, tout en étant une œuvre hydrographique, donne aussi l'histoire sommaire de Saint-Paul à l'époque de sa fondation.

Bien que la longue énumération de |ces premiers habitants puisse paraître ennuyeuse pour quelques-uns, nous pensons que tous nos lecteurs ne seront pas du même avis, et que d'autres liront avec intérêt les noms de nos premiers colons qui ont fait souche dans la colonie.

Sauf quelques variations dans l'orthographe des mots, nous trouvons les noms propres souvent précédés des mêmes prénoms que nous rencontrons aujourd'hui, lesquels se sont conservés religieusement dans les familles créoles comme un pieux souvenir de la patrie absente.

Les noms des habitants de la ville proprement dite, qui étaient établis sur les dunes de Saint-Paul, sont :

André Rault, Hervé Fontaine, Pierre Cadet, Henri Justamont, Antoine Cadet, Antoine Molet, Louis Cadet, Julien Lautrec, François Lautrec,

Henri Hybon, Jean Martin, Georges Noël, Hyacinthe Ricquebourg, veuve Pierre Folio, veuve Antoine Bellon, François Ricquebourg, François Mercier, Antoine Maunier, Jean Gruchet, Estienne Baillif, veuve Robert Duhal, Thomas Elguier, Jacques Béda, Edouard Robert, Pierre Boucher, Jacques Aubert, Pierre Boucher fils, Pierre Aubert, Antoine Hoareau, veuve Elie Lebreton, Pierre Hybon, Jean-Baptiste Delavalle, Pierre Hybon fils, veuve Gilles Launay, Gilles Dalbemont, Jacques Loret, Eugène Hoareau, Pierre Noël, Jacques Macé, veuve Pierre Hybon, Jacques Léger, veuve François Mussart, Pierre Parny, André Morel, François Rivière, Henry Mussart.

Deux autres groupes de colons s'étaient en outre établis, l'un sur le *quartier dit de l'Esplanade*, situé à l'est de l'établissement de Savana, sur la rive gauche de la ravine la Plaine ; l'autre, au vieux Saint-Paul, près de la propriété de Dominique Laprade. Quelques-uns étaient disséminés entre la ravine d'Hibon et le Bernica ; ces habitants sont :

Pierre Mussart, Jean Hoareau, Estienne Hoareau fils, Claude Ruel, Daniel Payet, Jacques Macé, Laurent Payet, Jean Payet, Antoine Payet, Hyacinthe Payet, Henry Molet, Silvestre Grosset, veuve Louis Caron, Jean Fontaine, Joseph Loret, Gilles Fontaine, Antoine Fontaine, Jacques

Loret fils, Eustache Leroy, veuve Pierre Nativel, veuve Bernardin Hoareau, veuve Athanase Touchard, Pierre Hybon, Guy Royer, Antoine Michel, Simon Deveaux, Gérémie Berthault, René Cousin et veuve François Rivière.

Quelques-uns de ces colons sont même restés jusqu'à nos jours sur les lieux de leur première installation.

Ainsi, la famille Bellon, dont l'ancêtre faisait partie des vingt ouvriers venus dans la colonie en 1665, à la suite du commandant Regnault, s'est établie au bout de l'étang, sur la rive gauche de ce cours d'eau, et s'y est fixée ; par tradition, les membres de cette famille ont, de père en fils, exercé l'innocente et contemplative profession de pêcheur ; de père en fils, ils sont morts la ligne à la main. Nous voyons de nos jours le chef de cette famille, Elie Bellon, ne pouvant plus aller à la pêche, occupé à raccommoder les filets qui doivent servir à la famille.

Que l'on nie à présent l'influence du logement ; elle n'est pas indifférente. Le docte évêque d'Avranches y attachait un grand prix.

Nous sommes désolé de toujours parler de Saint-Paul dans nos causeries, mais que faire ? à l'époque de cette première occupation, il n'y avait réellement dans l'île qu'un seul quartier, Saint-Paul, qui résumait toute la colonie ; Saint-Denis et Sainte-Suzanne n'étaient que deux bourgs relevant de la capitale où résidait le gouverneur ; la maison de ce personnage était construite en amont de la poudrière. Il n'existe plus rien de cette première construction. Tout a disparu, sauf un vaste four qui reste debout pour attester l'ancienne splendeur culinaire des gouverneurs de la colonie à cette époque.

Ce n'est que plus tard, un peu avant Labourdonnais, que les gouverneurs, pour le compte de la compagnie des Indes, établirent leur résidence dans la maison située près de la place d'armes, maison où ont siégé ensuite la Cour royale et le Tribunal de première instance enlevés, hélas ! depuis longtemps, à Saint-Paul. Ce bâtiment construit en bois couchés avec les arbres abattus sur le lieu même où elle s'élève, est occupé aujourd'hui par l'hospice des vieillards ; contraste frappant des vicissitudes des choses humaines qui a fait du logement luxueux de nos gouverneurs le lieu d'asile des pauvres infirmes.

Labourdonnais trouvant à l'île de France un port naturel, négligea notre colonie ; ses guerres de l'Inde, et ses démêlés avec Dupleix, l'occupaient trop pour qu'il eût le temps de songer à une île où tout était à créer : port, canaux, bâtiments et routes, île qui, alors ne lui servait que de grenier pour ravitailler sa flotte, et de lieu de recrutement pour ses équipages. Aussi, la ville de Saint-Paul eut le plus à souffrir de cet oubli du grand administrateur qui transporta brusquement le siège du gouvernement de l'île à Saint-Denis, le 26 septembre 1738 ; ce bourg s'accrut rapidement, et bénéficia de ce changement.

Il était réservé à l'industrie privée d'exécuter ce que Labourdonnais n'a pas eu le temps ou la pensée même de projeter.

Par suite de la création du port, la ville de Saint-Paul va reprendre, dans un avenir prochain, son ancienne prépondérance.

Le projet de port de Saint-Paul, à l'étang où à la Pointe des Galets, dont la première pensée revient à l'ingénieur charpentier Cossigny, envoyé à Bourbon, en 1732, par la compagnie des Indes, ensuite au capitaine de génie, Bernardin de Saint-Pierre, lors du voyage qu'il y fit en 1770, puis à l'ingénieur Gilbert, en 1815, fut l'objet de plusieurs tentatives infructueuses.

Il ne fut repris sérieusement qu'en *mai 1869 ;* à la même époque, une autre œuvre de progrès, non moins utile, « le télégraphe électrique, » prenait droit de cité dans la colonie.

Ce projet de port, *conçu à Saint-Paul en 1869*, fut un moment ajourné par suite des préoccupations occasionnées par la guerre de 1870 et de 1871 ; il prit de la consistance en 1873, et il entra ensuite dans la voie d'exécution. Le port sera terminé prochainement ainsi que le chemin de fer qui en était le corollaire indispensable.

Puisque nous sommes à la Pointe des Galets, nous terminerons cette causerie en racontant une légende sur un fait accompli à une époque, où certainement, il n'était pas question de voir un port et une ville se créer là où croissaient les piquants, et paissaient les animaux du voisinage. Qui eût pensé alors que le sifflet de la locomotive remplacerait le hennissement de nos petits et vigoureux chevaux, de race persane, qu'on y élevait ?

Avant le mesurage et la délimitation faite en 1791 par l'arpenteur Gilbert, que nous avons déjà nommé, le vaste trapèze qui compose la Plaine des Galets servait de lieu de pacage commun pour les propriétaires d'animaux, non seulement de la Pointe, mais des habitations voisines. On voit encore à l'inspection des lieux, les vestiges de parcs en pierres sèches qui servaient à renfermer, la nuit, les bêtes qui y paissaient le jour. Parmi ces propriétaires se trouvaient entre autres les sieurs Pierre Rault, Léger, Macé, Yams, Robert, Adam, Antoine Bellon : chevaux, bœufs et petit bétail croissaient et paissaient pêle-mêle dans la plaine ; comme mesure d'ordre, le commandant du quartier de Saint-Paul avait prescrit que chaque possesseur d'animaux devait leur faire une marque distinctive quelconque qui permît à chacun de reconnaître sa propriété ; la marque se mettait d'ordinaire à l'oreille au moyen d'un emporte-pièce qui donnait l'initiale du nom du propriétaire, ou d'une entaille ; le spécimen de la marque était déposé à la maison commune. Dans l'une des études des notaires de Saint-Paul, l'on voit encore l'une de ces oreilles avec la marque du propriétaire.

Il arriva qu'un jour l'un de ces éleveurs eut la singulière idée un peu trop abusive de la propriété d'autrui, de faire en sorte que pour marque distinctive, ses bêtes n'en eussent aucune : il leur coupait complétement les oreilles ; au moyen de cette ablation pratiquée de mauvaise foi, il faisait disparaître tout moyen de reconnaissance, et il s'attribuait ainsi un nombre considérable d'animaux dépouillés de cet attribut.

D'où est venu le dicton : avoir la marque d'un tel, pour dire : que l'on n'en a pas, ou que l'on n'en veut pas avoir.

LE CENTENAIRE DE L'ÉGLISE

DE SAINT-PAUL

LE dimanche, 6 avril 1777, à l'issue des vêpres dites ce jour par le vénérable abbé Davelu, curé de Saint-Paul, les notables de la ville se réunissaient chez M. le chevalier de Roburent, pour délibérer sur le choix et le mode de construction d'une église qui devait remplacer celle qui servait à l'office divin, bâtiment trop étroit pour contenir la population de la ville et de la campagne.

Ce même jour, MM. Panon Desbassayns, Julien Gonneau Montbrun, Guillaume Desjardins, Dennemont, Desbarrières, Pierre Hybon, Champcourt Ricquebourg, Jean-Baptiste Mercier et François Mussard, l'intrépide chef des détachements, étaient délégués par leurs concitoyens pour surveiller le travail, l'activer et passer les marchés nécessaires pour l'édification d'un monument, alors sans précédent dans la colonie.

Cette réunion de notables se faisait avec le consentement et sous le gouvernement de M. le vicomte de Souillac, capitaine de vaisseau ; M. de Crémont, commissaire général de la marine, était alors président du conseil supérieur de cette île.

Il y fut décidé que l'église actuelle serait construite à la même place que celle en bois, couverte en paille, précédemment élevée par nos ancêtres, sur l'initiative du père Hyacinthe, l'énergique curé de Saint-Paul.

Il eut pour successeurs : les lazaristes Abot, Criais et le bon abbé Desnoyelles, l'ami et le directeur de conscience du timoré Touchard, dit Raz-de-Marée, fils du légendaire « compère Athanase Touchard. »

Il est intéressant de noter que la première église de la colonie, *érigée en paroisse*, a été construite à Saint-Paul vers 1663. Le cordelier Louis Matos, débarqué le 4 mars 1667 de l'un des vaisseaux de la flotte de M. de Mondevergue, en fut le curé; c'est celui qui baptisa Etienne Beau, fils de Pierre Beau, premier *enfant blanc* né dans la colonie ; il ouvrit à cet effet un registre curial, le sept août 1667. Il eut pour successeur, d'abord le capucin Jean Jourdié qui fut ensuite remplacé par le père Bernardin, du même ordre. L'abbé Jourdié séjourna dans l'île de 1667 à 1671. C'est le premier prêtre qui eut une résidence fixe près de la cure de Saint-Paul. Il doit être considéré comme ayant été le premier curé de l'île de même que le commandant Regnault en a été le premier gouverdeur.

L'église construite en paille *au vieux Saint-Paul* eut une existence de peu de durée. La nouvelle fut élevée provisoirement sur le lieu où se trouve actuellement la caserne de l'infanterie de marine ; on y dit peu de temps la messe. Elle fut abandonnée à la suite d'un cyclone qui la détruisit en partie. Le père Hyacinthe craignait, sans doute, de la voir enlever de nouveau d'un jour à l'autre, par la mer qui arrivait à cet endroit comme aujourd'hui, et plus facilement encore, puisque la plage n'était pas abritée par les constructions qui s'y trouvent actuellement. Cette raison décida nos pères à la mettre sur une terrasse élevée, à l'extrémité sud-ouest des dunes de Saint-Paul, au pied du Bernica, à l'endroit où on la voit aujourd'hui.

A cette époque, Bourbon était à peu près abandonné par le *Grand Roy* à la cupide compagnie des Indes qui ne trouvait rien de mieux à faire de nos récoltes que de les brûler et de les détruire après que ses navires avaient eu leur chargement, afin qu'aucun étranger, passant par hasard dans nos mers, ne vînt lui faire concurrence.

C'était là, il faut l'avouer, une singulière manière d'entendre l'intérêt d'une colonie naissante et son développement agricole. Aussi, c'est pour avoir exécuté trop fidèlement les instructions de la compagnie que le gouverneur de Vauboulon eut à souffrir de l'acte de violence du père Hyacinthe.

Comme le dit Michelet : « les évêques ont fait la France du moyen-âge » : nous, enfants d'une île perdue au milieu de l'Océan, nous pouvons répéter à notre tour : « que les curés lazaristes ont fait la colonie à cette époque de premier établissement où leur autorité servait de point d'appui aux justes revendications de nos pères, pour résister aux ordres iniques de la compagnie des Indes. »

C'était à l'époque du bon vieux temps comme le disait Touchard Raz-de-Marée, les prêtres restaient longtemps attachés aux cures qui étaient dévolues à leur zèle apostolique ; ils baptisaient, mariaient les fils de ceux qu'ils avaient mariés, tandis qu'aujourd'hui ils ont à peine le temps de connaître leurs paroissiens, et semblent passer dans les quartiers comme s'ils étaient en garnison, fâcheux état de choses que facilite peut-être la locomotion prompte dont nous jouissons maintenant.

Nous sommes bien loin de notre sujet ; que le lecteur nous pardonne cette digression, et revenons au centenaire et à l'assemblée des notables tenue le 6 avril 1777.

Le lieu étant choisi, le mode de construction fixé, on se mit à l'œuvre. Un marché fut passé avec le maître charpentier Pierre Mesnier dit Vendôme qui, en moins d'une année, fit la vaste toiture de l'église pour un prix de 3,500 livres, les habitants de Saint-Paul lui fournissant bois, outils, vingt noirs charpentiers, une modeste maison près de l'église pendant toute la durée du travail, et *un petit noir pour le servir*, à charge encore par Vendôme, dit le marché, de se nourrir et de pourvoir à ses besoins ainsi qu'à ceux de *son noir*.

A cette époque, l'on ne connaissait pas les longs devis, les commissions où s'éternisent les projets, et tous ces autres ajournements qui retardent souvent l'exécution des travaux; l'on était plus expéditif; on s'adressait à un homme capable en qui l'on avait confiance et qui se mettait tout de suite à l'œuvre.

Les travaux furent conduits avec la plus grande activité. Tout était achevé et livré le 16 juin 1779, ainsi que le constatent nos vénérables ancêtres.

Cette excursion dans le passé terminée, faisons remarquer que c'est la première fois que l'on fête un centenaire dans la colonie ; la ville de Saint-Paul ne voulut pas manquer l'occasion de lui donner tout l'éclat possible. La fête de saint Paul et de saint Pierre fut donc choisie pour cette mémorable solennité.

La municipalité, toujours soucieuse de tout ce qui intéresse les cérémonies du culte et en rehaussé l'éclat, s'est empressée d'y apporter sa large participation afin que cette solennité fût digne de l'ancienne capitale de l'île.

Monseigneur Soulé vint pour donner à la cérémonie religieuse toute la pompe que comportait un pareil jour.

Dès le samedi matin, le canon de la milice faisait retentir au loin les échos du Bernica; la messe fut célébrée pontificalement. Aux vêpres, Monseigneur Soulé, dans un langage élevé et sympathique à tous, traça à grands traits l'histoire de la fondation de l'église en glorifiant la piété et le dévouement de ceux qui avaient contribué à la construire.

La nuit vint à ce moment. On organisa une procession aux flambeaux qui, partie de l'église, suivit la chaussée, les rues Suffren, du Commerce et se termina par celle de Labourdonnais.

Là, un magnifique spectacle s'offrit à la vue de cette foule que la piété ou la curiosité avaient attirée; on eût dit, en forçant un peu la métaphore, que le firmament constellé d'étoiles s'était abaissé pour joindre l'éclat de la lumière céleste à celle de la place resplendissante de clarté.

Un temps calme, comme il est souvent donné d'en jouir à Saint-Paul, favorisait l'illumination.

L'élégante place de l'église était éclairée par mille verres de couleurs, qui répandaient des flots de lumière sur la foule se pressant pour entrer dans l'église beaucoup trop étroite pour la circonstance.

Des lanternes vénitiennes étaient répandues partout et nichées dans les arbres; elles venaient mêler leur lumière mystérieuse à celle éclatante qui inondait la place.

Les organisateurs de la fête avaient couvert de lampions la façade de l'église; toutes les lignes en étaient dessinées par des traits lumineux qui l'enveloppaient complétement; le clocher était surmonté d'une croix qui jetait au loin son éclat diamanté. L'intérieur de l'église semblait embrasé.

Monseigneur donna alors la bénédiction pontificale au milieu du recueillement de toute la population.

Ainsi finit cette splendide fête qu'il ne sera plus donné à aucun de nous de contempler, mais dont le souvenir restera gravé dans la mémoire de tous.

PARNY

APRÈS tout ce qui a été dit et écrit sur Parny, il est bien difficile de ne pas répéter ce que chacun a pu savoir de notre célèbre Saint-Paulois. Nous tâcherons d'éviter l'écueil de la redite en glanant sur ce champ déjà moissonné plusieurs fois.

D'abord, il a été avancé par erreur, Sainte-Beuve a contribué à l'accréditer, que Parny est né dans la charmante maison entourée de grands cocotiers et située sur la rive gauche de la ravine du Bernica près de laquelle coule le paisible ruisseau (non le torrent, comme l'a imaginé Georges Sand dans *Indiana*), qui va alimenter l'étang de Saint-Paul. Elle se trouve dans une position pittoresque, au pied des rampes du Bernica, dans lesquelles serpente le chemin appelé la seconde route de ceinture. Cette demeure était celle du marquis de Parny, ancien commandant de quartier à Saint-Paul, neveu du poète.

Evariste-Désiré Parny, dit Santerre, est né à Saint-Paul le 6 février 1753, dans le bas de l'Hermitage, dans une modeste campagne, à douze kilomètres à l'ouest de Saint-Paul, sur le terrain que doit parcourir le chemin de fer, chétive et peu poétique habitation que la pioche de l'Indien n'a pas respectée, perdue au milieu d'un champ de dattiers qui couvraient alors cette localité. Cette propriété est comprise aujourd'hui dans l'établissement des Filaos.

La concession a été faite à Pierre Parny, ancêtre du poète, sous le gouvernement de M. de Beauvell de Courchant, suivant acte du 11 mars 1720.

Que d'erreurs à redresser au sujet de Parny et de ses amours platoniques avec Eléonore, nom sous lequel le poète saint-paulois l'a immortalisée !

Parny est né à Saint-Paul, du second mariage de Paul Parny avec Mlle Marie Geneviève de Lanux ; à l'âge de dix ans, il partit pour la France sur le navire *le Condé*, de l'escadre du comte d'Aché, rentrant en France au retour de son inutile expédition dans l'Inde.

A cette époque, les pères de famille aisés de la colonie n'avaient d'autre moyen de donner à leurs enfants une instruction littéraire convenable qu'en les envoyant faire leurs études en France.

Il fut mis au collège de Juilly, alors dirigé par les Oratoriens ; il y obtint de brillants succès ; il cultivait la musique et faisait facilement les vers.

« Né avec une âme tendre et mélancolique, il

« conçut un moment la pensée d'entrer chez les
« frères de la Trappe, et alla s'enfermer à Paris
« dans un séminaire pour se préparer à cette vie
« de silence et d'abnégation. — Singulière desti-
« née que de voir, sous l'habit de trappiste, le
« chantre futur de la *Guerre des Dieux !* — La grâce
« n'opérant pas en lui, il quitta le cloître, et en-
« tra dans un régiment de dragons du roy. »

C'est en 1773 qu'il vint faire un premier voyage
à Bourbon, et rencontra Eléonore dont il devait
plus tard rendre le nom populaire.

Les amours de Parny et d'Eléonore, dans la
colonie, ne sont plus un mystère pour personne ;
tout laisse à supposer que ces amours n'ont résidé
que dans la riche imagination du poète ; l'existence
de Valère et la vérité sur la naissance de cette enfant qui avait laissé longtemps de l'équivoque sur
les amours de Parny et d'Eléonore, confirment
cette supposition.

Le poète, surtout à l'âge de vingt ans, est na-
turellement amoureux de toute jeune fille qu'il
rencontre, comme l'artiste musicien l'est de son
accompagnatrice : comme Pygmalion l'a été de sa
statue que, par la force de son imagination, il a
réussi à sensibiliser.

Il y a dans la nature du poète une exubérance
de sentiments, une force créatrice qui le fait passer
facilement, en imagination, du domaine de la fiction dans celui de la réalité.

La fiction, comme le souffle poétique, lui est indispensable ; sans quoi il ne serait qu'un *rimailleur* vulgaire.

Le voile transparent qui couvrait de mystère Eléonore, ne le cache plus ; son nom et les sentiments qu'elle a inspirés à Parny sont acquis à l'histoire littéraire de la colonie, et sont bien connus de tous. Nous ferons disparaître bien des erreurs sur elle, et nous donnerons sa généalogie aussi exacte que possible.

Le nom d'Eleonore est « Esther Lelièvre, » comme nous allons l'établir bientôt.

L'auteur de la préface des œuvres de Parny publiées en 1822, je crois, donne à Eléonore le nom d'Esther Baillif. L'on a confondu le nom de famille de la première femme de Paul Parny, père du poète, avec celui d'Eléonore.

Sainte-Beuve, dans ses « portraits contemporains » publiés en 1855, tome III, fait descendre Eléonore de la famille Troussail ; autre erreur plus facile à comprendre, comme on le verra dans un moment, quand on saura quelle est la parenté qui a existé entre Esther Lelièvre et la famille Troussail.

Voici cette généalogie qui fixe d'une manière irréfutable l'état civil d'Eléonore.

Que le lecteur me prête un instant son attention, et consente à suivre avec moi cette nomenclature ; il aura la vérité pour prix de sa patience.

Monsieur François Lelièvre, marié le 20 janvier 1727, grand-père d'Esther Lelièvre, eut trois enfants :

Marianne Lelièvre, mariée à Dominique Malo Bosse, le 25 octobre 1746 ;

Antoine Lelièvre, marié à Thérèse de Laval, le 27 août 1759 ;

Et François-Dominique Lelièvre fils, marié à Marie-Geneviève Gruchet, le 3 mai 1759.

François-Dominique Lelièvre fils, père de notre héroïne, eut six enfants :

Saurin Lelièvre, marié à Mlle Nanty Auber ;

Esther Lelièvre « Eléonore » née à Saint-Paul, le 7 juin 1761, mariée en premières noces, dans ce quartier, le 21 juillet 1777, à M. Jean-Baptiste Canardelle, et en secondes noces, à l'île de France, au docteur Ruelan ;

Françoise Lelièvre, mariée à Antoine Troussail ;

Eudoxie Lelièvre, mariée au baron d'Escayrac de Lauterre ;

Ermélinde-Euphémie Lelièvre ;

Et enfin Albert Lelièvre.

Du premier mariage d'Esther Lelièvre et de Jean-Baptiste Canardelle naquirent à Saint-Paul deux enfants qui portèrent les noms de Jean-Baptiste Canardelle et Paul-Nicolas Canardelle.

Nous faisons grâce au lecteur de la suite de la généalogie qui n'a plus d'intérêt pour notre récit.

En apprenant le mariage d'Eléonore avec

M. Canardelle, Parny lui adressa l'élégie qui porte au livre IV de ses œuvres, le n° II ; elle commence ainsi :

> « C'en est donc fait ! par des tyrans cruels,
> « Malgré ses pleurs à l'autel entraînée,
> « Elle a subi le joug de l'hyménée,
> « Elle a détruit par des nœuds solennels,
> « Les nœuds secrets qui l'avaient enchaînée
> « Etc. . . . .

M. et Mme Canardelle allèrent habiter l'île de France, M. Canardelle y mourut en 1786 ; Esther Lelièvre, que nous n'appellerons désormais plus qu'Eléonore, veuve, et faisant appel, sans doute, aux sentiments que Parny lui avait exprimés si publiquement, lui écrivit, tout porte à le croire, pour lui offrir son cœur et sa main devenus libres.

C'est à ce moment qu'il faut placer la septième élégie, livre II, que le poète lui adressa, et qui est intitulée :

« IL EST TROP TARD. »

Elégie dans laquelle il lui peint ainsi sa situation nouvelle :

> « Pour jamais j'ai vu s'envoler
> « Cet amour qui fut votre ouvrage ;
> « Cessez donc de le rappeler. »
> « Etc. . . . .

Les poètes, enfants de la rêverie, ne savent que désirer et regretter.

Mariée en secondes noces, à l'île de France, au docteur Ruelan, les époux habitèrent quelque temps Port-Louis, partirent ensuite pour la France et résidèrent à Rennes où Éléonore mourut en 1822.

Voilà l'histoire vraie des amours d'Éléonore et de Parny, de ses deux mariages et de sa mort.

Revenons maintenant à Parny.

Rappelé dans la colonie, par son père, nous le voyons regretter Paris, Feuillancourt, la *Caserne* et cette société de jeunes fous dont le plus âgé avait à peine vingt-cinq ans, société dans laquelle, peu soucieux de l'avenir, nos officiers dépensaient la vie à table, à sabler le champagne et à faire des vers légers.

Se rendant à Bourbon, le voyage fut long; Parny fit plusieurs relâches en route : celle de Rio Janeiro en septembre 1773 ne lui laissa d'autre souvenir que celui de la belle Brésilienne qui dansa un menuet avec lui, et des gracieuses beautés voilées qui lui jetaient des bouquets par la fenêtre. Aussi écrit-il de cette relâche à son ami Bertin resté à Paris pour lui adresser ses regrets et un souvenir à la société de *Feuillancourt*. Il arrive en octobre au Cap de Bonne Espérance; là, il voit l'ennui sous toutes les formes : « C'est ici (dit-il à son ami Bertin) que l'on voit des choses bien cruelles. »

« Des maris ennuyeux et des femmes fidèles;
« Etc......
« Et où il boit à longs traits
« La *Constance* et l'ennui.

Il débarque enfin à Bourbon; la vue de la colonie, sauf le plaisir de voir sa famille, ne lui inspire pas un de ces élans du cœur que les poètes ont toujours en réserve pour chanter le ciel bleu et les étoiles de la patrie.

Après les premiers épanchements de famille, il boit à longs traits l'ennui, moins la *Constance*.

En janvier 1775, il écrit encore à Bertin, son émule au Parnasse, qui lui demande de lui faire connaître sa patrie; « qu'il chérit, dit-il, parce qu'il n'y est plus. »

Ici se place la charmante description que Parny fait des productions fruitières du pays. Nous ne pouvons résister au désir que nous éprouvons de la transcrire.

Qu'on nous excuse de faire cet emprunt qui dépeint bien la nature coloniale.

« Ici ma main dérobe à l'oranger fleuri
« Ces pommes dont l'éclat séduisit Atalante;
« Ici l'ananas plus chéri
« Élève avec orgueil sa couronne brillante;
« De tous les fruits ensemble il réunit l'odeur.
« Sur le coteau l'atte pierreuse
« Livre à mon appétit une crème flatteuse;
« La grenade plus loin s'entrouve avec lenteur;

« La banane jaunit sous sa feuille élargie ;
« La mangue me prépare une chair adoucie ;
« Un miel solide et dur pend au bout du dattier ;
« La pêche croît aussi sur ce lointain rivage ;
« Et plus propice encor l'utile cocotier
« Me prodigue à la fois le mets et le breuvage. »

Il regrettait toujours ses soirées de *Feuillancourt*, le souvenir de sa chère *Caserne* lui arrachait des regrets et des désirs de retour.

Que fais-tu maintenant dans Paris, disait-il à Bertin ?

Dans ce pays-ci « le temps ne vole pas ; il se « traîne, l'ennui lui a coupé les ailes. »

Pendant ce premier séjour à Bourbon, Parny habita la partie du Vent, il faisait de fréquents voyages à Saint-Denis. La nature aimante de notre jeune poëte trouva dans la capitale des distractions moins platoniques que celles qu'il goûtait dans la société d'Éléonore.

C'est à ce moment qu'il faut placer la naissance de Valère, la seule enfant qu'eut Parny, et dont l'existence bien constatée fait disparaître la fable inventée pour donner créance au fruit présumé des amours de Parny et d'Éléonore.

Partant pour la France, il confia cette enfant à une parente ; il s'intéressait beaucoup à elle ; plus tard c'est à son occasion qu'il lui écrivit : « Tu « fais bien de t'occuper de marier Valère. Il faut « se presser de peur qu'elle ne s'ennuie d'attendre. »

Après la mort de son père, Parny fit en 1784, un second voyage à Bourbon, et suivit dans l'Inde comme aide-de-camp, M. le vicomte de Souillac.

Nous le voyons ensuite dans le monde littéraire de Paris menant une existence assez bourgeoise; arrivant péniblement à l'Académie, dont les portes avaient été assez difficiles à s'ouvrir devant notre Tibulle vieilli, terminant sa brillante carrière poétique du début par la *Guerre des Dieux*; tache dans sa carrière littéraire, œuvre malsaine qu'il a condamnée lui-même puisqu'il n'a pas osé en publier la seconde partie.

En 1803, notre poète fit une fin, comme l'on dit vulgairement: il épousa Mme Grâce Valy, veuve Fortin, et mourut à Paris le 5 décembre 1814.

Dans cette courte causerie nous n'avons pas entendu faire une étude approfondie et critique des œuvres de Parny; nous n'avons fait que raconter les principaux événements de sa vie, et fixer la généalogie d'Éléonore dont le nom vivra autant que les gracieux vers qu'elle lui a inspirés.

LES ANGLAIS A SAINT-PAUL

1809

Austerlitz et Iéna portaient au plus haut degré la puissance de la France impériale, terrifiaient l'Europe et exaltaient l'orgueil de Napoléon Ier. Tout entier à son blocus continental, qu'il croyait assurer par ses immenses victoires, n'ayant pas confiance du reste dans sa marine, il la négligeait. Il n'en attendait plus d'autre service que celui de tenir en échec celle de l'Angleterre.

Ce gigantesque blocus, déplorable système politique et financier, aussi funeste aux colonies qu'à la métropole, profitait aux neutres et faisait la ruine commerciale de la France et de ses colonies. Ce mode de compression ne réussit pas plus dans le monde matériel que dans celui de la pensée. Il faisait jeter au pilon les œuvres de Mme de Staël et de Chateaubriand ; il révélait la petitesse d'esprit d'un grand homme aveuglé par la passion, aberration du génie qui poursuivait à outrance une idée par laquelle il croyait enchaîner la pensée comme il anéantissait une armée vaincue.

L'indifférence du gouvernement impérial pour les colonies et leur abandon étaient manifestes ; tout entier à ses idées de domination continentale, répétait-il ces désolantes paroles dont les échos arrivaient jusqu'à nous :

« Que les Anglais s'emparent de nos colonies, ils nous les rendront plus florissantes à la paix. »

Après le traité d'Amiens, partit de Brest, en 1803, une division de l'armée navale pour nous faire remettre en possession de nos colonies.

Cette escadre, commandée par l'amiral Linois, se composait des navires : le *Marengo*, la *Belle-Poule*, l'*Atalante* et la *Sémillante* ; elle portait le capitaine général Decaen, qui était revêtu du commandement supérieur de l'expédition avec le titre de gouverneur des établissements français à l'est du cap de Bonne-Espérance.

Elle s'achemina vers l'île de France, destinée à devenir le centre du gouvernement. Après avoir visité nos comptoirs de l'Inde et les détroits, elle eut bien des mauvaises chances de mer ; elle relâcha au Cap ; elle éprouva là un coup de vent terrible. Trois des navires furent jetés à la côte et perdus.

Seule, la *Sémillante* resta au service des îles de France et de Bonaparte.

L'Empire n'avait, dans nos mers, que ce navire pour faire respecter son pavillon et protéger ses colonies.

A ce moment, notre héroïque compatriote, Pierre Bouvet (1), s'ingénia pour obvier à ce dénûment de force maritime ; il imagina la construction de son *Patemar* « *L'Entreprenant,* » avec lequel il fit tant de mal aux Anglais sur la côte Malabar. Il resta longtemps dans ces parages et occasionna aux ennemis de grandes pertes.

Le commandant Bouvet ne faisait que de rares visites aux îles de France et de Bonaparte ; sa protection ne pouvait être qu'accidentelle.

La frégate *La Caroline*, commandant Pertier, venant d'Europe, arriva dans la rade Saint-Paul en juillet 1809, après s'être emparée des transports anglais l'*Europe* et le *Stratheim*, chargés de riches cargaisons La *Caroline* et ses prises, ne pouvant se réfugier à l'île de France à cause du blocus existant, vinrent débarquer leurs précieuses marchandises à Saint-Paul et les déposer dans le magasin général de la colonie, situé dans ce quartier à l'endroit où se trouve aujourd'hui la caserne de l'infanterie de marine.

L'île Bonaparte avait alors pour gouverneur M. le général de division Des Brulys, qui résidait à Saint-Denis ; il avait remplacé en 1806 le général Magallon.

---

(1) Pierre Bouvet né à Saint-Benoit, le 23 novembre 1777.

La colonie était divisée en deux arrondissements militaires ; l'un, celui de la partie du Vent, était placé sous son commandement direct, M. le chef de bataillon de Laprade, était alors sous-directeur de l'artillerie ; l'autre, dit de la partie Sous-le-Vent, sous celui du capitaine commandant Saint-Mihiel, résidant à Saint-Paul.

Le général Des Brulys relevait du capitaine général Decaen, fixé à l'île de France. Ce dernier lui avait signalé le danger d'une attaque probable sur Saint-Paul et il l'avait engagé à s'y établir provisoirement ; ce point lui semblait le plus menacé.

Déjà l'escadre anglaise, sous les ordres du commodore Rowley, avait apparu dans l'est de la colonie ; ses croisières s'y montraient de temps en temps ; elles avaient fait à Sainte-Rose quelques tentatives de débarquement énergiquement repoussées par la milice de la partie du Vent, commandée par le capitaine d'artillerie Gardy-Lachapelle.

Le gouvernement anglais, averti de la présence de la *Caroline* et de ses prises sur la rade de Saint-Paul, y dirigea le commodore Rowley pour s'en emparer.

Son escadre se composait :

Du *Raisonnable*, de 64 canons, sur lequel celui-ci avait son pavillon ;

De la *Néréide*, de 40 canons, ayant pour commandant le capitaine Corbelt, cet audacieux marin que Bouvet sut réduire, dans son célèbre combat livré sous le cap Bernard, et punir de son outrecuidance et de sa témérité ;

Du *Syrius*, de 40 canons, commandant Pym ;

De la *Boudicea*, de 40 canons ;

De la corvette *Le Otter*, de 30 canons, commandant Wilby ;

Et du brick *Le Wips*.

Les troupes de débarquement étaient placées sous le commandement du lieutenant-colonel Keating.

La corvette *Le Saphyr* ne rallia l'escadre qu'après le débarquement. Ce navire servit à tromper le général Des Brulys et à lui persuader que le coup de main sur Saint-Paul n'était qu'une fausse attaque, que la principale serait dirigée sur Saint-Denis. Funeste erreur, qui donna lieu à tant de fausses interprétations sur la prise de Saint-Paul et occasionna la mort du général. Il paya de sa vie, non la trahison à son drapeau, mais une faute de tactique militaire.

Donc, le 21 septembre 1809, à trois heures du matin, sans avoir été signalés par aucune vigie, dans l'obscurité de la nuit, sans bruit, favorisés par le plus beau temps et une brise du nord-est si convenable pour entrer dans la rade, les Anglais débarquent dans la petite anse de la rivière des Galets et se répandent dans la plaine de la mare à Cadet.

Avant que l'on ne se doute de rien, leur débarquement est annoncé dans le quartier, à cinq heures du matin, par un *petit noir* malgache, porteur de lait, du nom de *Fortune,* appartenant à M. Eléonore Hoareau.

Ce courrier improvisé arrive tout essoufflé et donne l'alarme. Il crie qu'il a vu toute cette plaine couverte d'habits rouges.

Le commandant des milices, Joseph Hetzel, que l'on n'aperçoit plus dans le précieux document (1) qui me sert de guide, est averti. Il fait battre la générale.

On constate l'imprévoyance la plus grande ; aucun armement n'est prêt ; la milice, qui gardait ordinairement les batteries et faisait patrouille sur la côte, est prise en défaut ; le commandant Saint-Mihiel n'a rien prévu pour la défense. Cette circonstance donne lieu à l'accuser d'une grande incurie dont la responsabilité lui incombe en entier dans la prise de Saint-Paul.

Que faisait-il alors ? ? ?

Le désarroi le plus grand règne partout ; la foule affolée se répand de tous côtés ; chacun songe à mettre sa famille en sûreté en gagnant la montagne.

Les Anglais se dirigent alors vers la batterie du centre dite de Roburent, située au nord-est, à 2

---

(1) Notes de M. I. A. de S., ancien maire de Saint-Paul.

kilomètres de la ville. Le sergent d'artillerie, *Bignoux*, garde cette batterie; il a le temps de charger une pièce à mitraille qu'il dirige du côté de la colonne anglaise, fait feu et tue une cinquantaine d'hommes.

Cette défense inattendue jette de l'indécision dans la troupe anglaise; malheureusement le recul de la pièce blesse Bignoux qui reste suspendu par le pied au roulant de l'affût, « un second coup de canon nous aurait fait battre en retraite, a dit plus tard le colonel Keating, qui l'a répété devant plusieurs témoins, entre autres M. Fouques, médecin, et Pierre Conil, avocat, et nous aurait décidés à nous rembarquer. » Les Anglais ne voulaient, à ce moment, que tenter un coup de main et enlever la *Caroline* et ses prises.

L'avant-garde s'empare de la batterie et dégage le malheureux Bignoux mis, par suite de cet accident, hors de combat.

Le feu est alors dirigé sur la *Caroline*. Le commandant Fertier, ignorant que la batterie est au pouvoir de l'ennemi, et croyant à une méprise, envoie un aspirant avertir que ses boulets lui arrivent. Celui-ci, voyant l'ennemi maître de la fortification, fait force de rames et retourne à bord. Au milieu du désarroi occasionné par cette attaque imprévue, le capitaine Guénant, commandant un détachement de voltigeurs composé de 46 hommes, ayant pour lieutenant M. Tiers, se prépare à la défense; à cette petite troupe se joignent des marins de la *Caroline*. Saint-Paul ne -sera pas délivrée de l'ennemi mais l'honneur sera sauf; arrivent aussi quelques miliciens ; il les disperse en tirailleurs dans la plaine, dite du camp Malabar où sont bâtis actuellement le nouveau bazar, l'abattoir, etc. Ce terrain sur lequel sont aujourd'hui construites les petites maisons situées autour du marché, était alors couvert de gros bois noirs ; cette disposition de lieu était favorable à ce genre de combat; le capitaine Guénant utilise ces arbres pour la protection de ses hommes qui font alors un feu de mousqueterie bien nourri tout en battant lentement en retraite vers la rue Suffren.

La défense est vive, elle est acharnée; on voit encore marquées dans l'ancienne maison Troussail, sise à l'angle des rues Suffren et de la Réunion, des traces de balles constatant l'engagement qui a eu lieu dans la plaine en avant de cette maison.

Dans cette vigoureuse résistance l'énergique capitaine Guénant reçoit une grave blessure au bras gauche, six hommes sont tués et dix-sept blessés. Là succombent aussi les miliciens Durand, Giroir, et sont blessés Lamroy, Magarde de Roburent. Le tambour Monchey Caron reçoit au genou une balle qu'il conserva le reste de ses jours; il la faisait palper avec orgueil par toute la génération dont nous faisons partie.

Mentionnons ici un épisode dont l'histoire coloniale doit conserver le souvenir : Mangarde de Roburent, légèrement blessé au commencement de l'action, s'était retiré dans sa maison à l'extrémité nord du lieu où se continuait le combat ; il se renferme dans sa chambre, y pratique une meurtrière et de là, de temps en temps, décharge son fusil sur l'ennemi dans la plaine ; après avoir vu tomber 10 ou 15 de leurs hommes, les Anglais finissent par observer ; bientôt la fumée de la dernière cartouche indique d'où est parti le coup ; on cerne la maison et l'on s'empare de Mangarde que l'on conduit à l'hôpital après l'avoir maltraité et blessé de nouveau.

La batterie du centre, dite de Roburent, que nous appellerons du nom de son brave défenseur Bignoux, est donc au pouvoir de l'ennemi.

Pendant ce temps, l'escadre anglaise, favorisée par un temps magnifique, et poussée rapidement par une belle brise du nord-est, arrive en rade vers les 6 heures du matin, canonne la *Caroline*, l'*Europe* et le *Stratheim* ayant pour commandants les enseignes Desplanches et de Rabody.

La *Caroline* secondée par les commandants des deux prises, riposte vigoureusement ; le feu dure jusqu'à 10 heures du matin.

Accablés par le nombre, et maltraités par les batteries de terre desquelles ils espéraient au contraire du secours, nos trois navires viennent s'échouer sur la plage ; après avoir encore résisté héroïquement, ils amènent le pavillon.

Tous les officiers sont fait prisonniers et embarqués à bord du *Syrius*. Peu de jours après, MM. Desplanches et de Rabody sont renvoyés à terre sur parole ; le reste de l'état-major est conduit au cap de Bonne-Espérance.

Les Anglais sont donc maîtres de la ville ; ils s'emparent des autres batteries.

Nous allons, à présent, grâce au précieux document que nous avons en mains, écrit sur les lieux mêmes, raconter jour par jour les faits accomplis à Saint-Paul pendant l'occupation anglaise.

21 septembre 1809. — Débarquement des Anglais favorisé par un beau temps. — Prise des batteries, combat de tirailleurs dans la plaine du camp Malabar.

Ils détruisent, en débarquant à la rivière des Galets, la vigie du Piton afin d'intercepter toute communication avec les quartiers du Vent pendant l'attaque, précaution d'autant plus importante pour la réussite de l'opération qu'ils maintiennent, toute la journée, un piquet de 15 hommes jusqu'à 6 heures du soir, heure à laquelle le colonel Keating rallie le piquet à son quartier général.

Le pavillon anglais flotte sur tous les forts et les établissements publics.

L'escadre anglaise vient mouiller en rade, elle

amarine les navires échoués, embarque les prisonniers.

La *Caroline* et l'*Europe* sont mis ensuite à flot ; le *Stratheim* ne put être renfloué que deux jours après.

Dans l'après-midi du 21, les Anglais embarquent leurs blessés. Ils mettent le feu au magasin de dépôt de M. Caillot ; ce magasin, situé aux coins de la rue du port et de celle des établissements de marine, contenait pour 125,000 francs de marchandises qui furent consumées ; sa goëlette est capturée.

A cette époque, il n'existait dans ce quartier qu'un seul établissement de batelage, lui appartenant ; il fut ruiné dans cette fatale journée.

Ils détruisent le navire le *Saint-Domingue* qui se trouve en rade, et une trentaine de pirogues qui sont sur la plage.

L'ennemi s'empare des autres batteries.

Cependant, averti tardivement par le bruit du canon, le général Des Brulys expédie en toute hâte des secours ; des troupes, sous le commandement du capitaine d'artillerie Aubry, y viennent par la montagne à marche forcée ; M. Des Brulys les précède accompagné de son aide de camp ; il arrive par les hauts, s'arrête à Bellemène à la maison blanche, appartenant à M. Lavergne Dennemont, d'où l'on domine tout Saint-Paul.

La ville étant au pouvoir de l'ennemi, quelle décision va-t-il prendre ?

Vers les 6 heures du soir, les troupes venant de Saint-Denis s'arrêtent et campent dans les jardins de l'étang, près de la maison blanche de Mme Desbassyns, dans la plaine qui s'étend de la chaussée au nouveau cimetière.

22 septembre. — A 2 heures de l'après-midi, le bataillon du quartier Saint-Jean, commandé par le capitaine Dor, arrive à son tour, fait halte à l'extrémité de la ville : ordre lui est donné par M. Des Bruys de rallier le quartier général. Afin que les Anglais ne puissent le découvrir, on marche sans tambour.

Ce gouverneur, militaire rompu au métier des armes, appréciant, sans doute, l'inutilité d'un effort pour défendre une île ouverte et reprendre de vive force la ville déjà au pouvoir de l'ennemi au risque de la voir incendier, donne ordre de retourner à Saint-Denis pour mettre la capitale à l'abri d'une surprise.

Les Anglais jouissent en paix de leur triomphe.

Vers les 6 heures du soir, les vaisseaux embossés sur la rade font des décharges à boulets et à mitraille sur le centre de la ville. Ils simulent un débarquement général ; ils arment quinze péniches chargées de troupes, ils répandent le bruit qu'ils mettront le feu partout et qu'ils partiront ensuite pour Saint-Denis où ils vont forcer le gouvernement à une capitulation.

Ces fanfaronnades, ces démonstrations produisent leur effet, et confirment le général Des Brulys dans la pensée de regagner la capitale au plutôt. Les envahisseurs agissent en ce moment comme s'ils ont réellement l'intention de partir pour la capitale.

Le bombardement est si violent que l'on croit ne pouvoir rien sauver du désastre.

La nuit se fait; la plage est illuminée par des torches prêtes à répandre partout l'incendie; le général Keating envoie de tous côtés des éclaireurs et s'assure bien que nos forces se disposent à quitter le quartier général.

A ce moment, le feu est mis au grand magasin renfermant les riches prises et les marchandises déposées par la *Caroline*; on lance en outre çà et là des torches enflammées sur le rivage pour communiquer l'incendie, et en exagérer les effets. Le magasin général flambe.

On s'empare du trésor public.

Le même jour arrive, dans la baie, le brick appartenant à M. Frère, armateur, ayant à bord un chargement de riz et 70 noirs de traite. L'escadre anglaise envoie vers ce brick deux grandes péniches, armées chacune de 25 hommes, qui le capturèrent.

23 septembre. — Le général Des Brulys désespéré part pour Saint-Denis.

On rapporte qu'on l'entendit dire, en route, à son aide de camp : « J'ai été imprévoyant, j'ai

« commis une faute grave ; je connais le capitaine
« général, il me mettra à la bouche d'un canon. »

Aucune préoccupation n'entrave plus l'ennemi ;
néanmoins, pour activer la retraite du général, il
fait de nouvelles démonstrations bruyantes.

A la Grande-Chaloupe, les troupes en retraite
rencontrent le bataillon de Saint-Benoit et celui
de Sainte-Rose au nombre de 350 hommes ; ils
avaient reçu l'ordre de se porter sur Saint-Paul pour
augmenter le corps expéditionnaire ; on a le chiffre
de ces troupes réunies ; avec ce renfort, elles
doivent s'élever à 7 ou 800 hommes environ.

Dès ce moment, Saint-Paul est à la merci de
l'ennemi ; tous ses habitants sans défense, sont
atterrés. Les femmes et les enfants se réfugient
dans les hauts des habitations ; l'escadre se donne
même la facile gloire, le triste plaisir de lancer
des boulets qui atteignent ces fuyards sur la montagne du *Bernica*, à l'endroit que l'on nomme le
Tamarin Bétail.

La terreur est à son comble.

Les Anglais parcourent la ville comme s'ils
étaient en pays conquis ; ils visitent les maisons,
en dispersent les meubles.

Plusieurs respectables habitants demandent à
capituler. Le commandant Saint-Mihiel est porteur
de paroles de soumission et de paix. Les vainqueurs, après avoir fait tout le mal possible, ne
se refusent pas d'entrer en pourparler.

Le commodore Rowley charge un parlementaire de porter un projet de capitulation au commandant Saint-Mihiel. Ce dernier demande à référer au gouverneur de l'île, il lui envoie les propositions de l'ennemi.

Voici ce document très peu connu dans la colonie; on ne le trouve dans aucun écrit de cette époque, ni après.

CONVENTION (1)

Entre le commodore Josias Rowley, commandant les vaisseaux de S. M. Britannique, et le lieutenant colonel Keating, commandant les troupes de S. M. Britannique et de la Compagnie,

D'une part,

Et le capitaine Saint-Mihiel, commandant militaire de Saint-Paul,

D'autre part,

Il est convenu, en conséquence, de ce que

---

(1) Nous devons à l'obligeance de M. D. B., la communication de ce document ainsi que de celle de la lettre de Garat à Josset, qu'on lira plus loin et la lettre du général Decaen au général des Brulys.

Sauf le testament de M. le général Des Brulys, et le procès-verbal de constatation et de levée de son cadavre dont M. le gouverneur Cuinier nous a fait gracieusement délivrer par le haut parquet des copies figurées, l'administration locale et les archives coloniales ne possèdent *aucune pièce, aucun document* relatifs aux événements politiques passés dans la colonie de 1809 à 1814.

Saint-Paul est au pouvoir des Anglais ainsi que de la position des habitants, qu'une suspension d'armes mutuelle aura lieu immédiatement sous les conditions suivantes :

1° Que les pièces de campagne prises par les Anglais et depuis volées par les noirs seront rendues aux Anglais.

Réponse : Seulement deux pièces de campagne ont été prises par les noirs à mon camp, je réfèrerai pour cet article au général commandant l'île.

2° Que les propriétés de l'État de tous genres : comme canons, munitions, marchandises et argent, dans la ville de Saint-Paul seront livrés aux Anglais.

Accepté.

3° Que les limites de la ville sont considérées être le canal qui coule le long de la chaussée et de là à la caserne.

Accepté.

4° Que toutes les propriétés appartenant à l'Etat, qui ne sont pas au pouvoir des Anglais, seront indiquées par le commandant sur sa parole.

Réponse : S'il s'en trouvait de ce genre dans les limites, et que cela vienne à ma connaissance, j'en donnerais avis.

5° Qu'aucune troupe de l'île n'entrera dans Saint-Paul, ni ne molestera les Anglais sans en avoir donné notification vingt-un jours

Réponse : Accepté pour les troupes sous mon commandement. J'en réfèrerai au général pour le reste.

avant, par écrit, à l'officier commandant les vaisseaux de S. M. Britannique, en rade de Saint-Paul, et à l'officier commandant les troupes de S. M. Britannique et de la Compagnie, et les Anglais, de leur côté, consentent à ne point construire des batteries et à ne point faire aucun mouvement militaire à terre sans en avoir donné la même notification au commandant de la ville.

6° Qu'il n'y aura aucun empêchement à ce que les habitants vendent aux Anglais, des viandes et des légumes en payant le prix ordinaire, et que les malades soient transmis à terre s'il y a lieu.

Accepté.

7° Que rien ci-dessus mentionné ne soit considéré pouvoir empêcher les Anglais d'attaquer quelqu'autre partie de l'île, soit par terre, soit par mer.

Réponse : Accepté sous la condition qu'aucun débarquement ni mouvement de troupe n'aura lieu à Saint-Paul, dans les limites ci-dessus désignées.

8° Que tous les prisonniers anglais à Saint-Paul seront rendus.

Réponse : J'en réfèrerai au général.

9° Que l'on ne pourra empêcher les noirs qui sont habituellement aux travaux du bord de la mer d'assister les Anglais en leur donnant la paye accoutumée.

Accepté.

10° Que trois jours seront donnés pour la ratification de ces articles, par le général Des Brulys ; et dans le cas où ils ne seraient pas ratifiés par lui, les deux parties seront libres de recommencer les hostilités en donnant notification vingt-quatre heures avant.

Accepté.

Les articles suivants ajoutés de la part du capitaine St-Mihiel :

1° Les troupes françaises sous mon commandement devront être considérées comme libres de quitter leur cantonnement, et d'aller au secours de toute autre partie de l'île qui serait menacée d'une attaque, sans en donner avis au commandant anglais. Le commandant de la garde nationale restera à Saint-Paul, pour voir à ce que les articles ci-dessus mentionnés soient exécutés.

Accepté.

2º Les autorités civiles de Saint-Paul reprendront l'exercice de leurs fonctions, les habitants seront gouvernés par les lois françaises et continueront l'exercice de leur religion interrompue.

Accepté

Fait à Saint-Paul, île Bonaparte, le 23 septembre 1809.

Le lieutenant-colonel, etc.
Signé : H. KEATING.

Signé : Jos. ROWLEY,
Commodore de l'escadre, etc.

Le capitaine commandant militaire,
Signé : St-MIHIEL.

A la réception de ce message, le général Des Brulys assemble un conseil de défense composé de tous les officiers supérieurs présents, à Saint-Denis. La réunion est orageuse ; il paraît disposé à accepter les propositions du commodore ; à ce moment, le chef de bataillon du génie, Soleille, se lève et dit : « Général, si vous signez cette ca-
« pitulation, vous porterez votre tête à l'écha-
« faud. »

Le gouverneur ne signe pas.

24 septembre. — Il écrit alors l'ordre suivant :
« Il est ordonné à mon aide de camp de partir
« sur le champ pour se rendre près de M. le Com-
« modore Rowley, commandant les vaisseaux de

« S. M. Britannique, en rade à Saint-Paul, à l'effet
« de remettre lui-même à M. le Commodore la
« réponse que le général fait à la capitulation qui
« a été proposée à M. Saint-Mihiel, commandant
« militaire à Saint-Paul.

« Au quartier général de Saint-Denis, le 24
« septembre 1809.

« *Le général commandant l'île Bonaparte,*
Signé : DES BRULYS. »

Ce même jour, le général, désespérant de conserver la colonie à la France, craignant les reproches de son chef, M. Decaen, parce qu'il n'a pas envoyé à Saint-Paul les forces qu'il avait ordre d'y concentrer par précaution, prit la fatale décision de mettre fin à ses jours.

25 septembre. — A cinq heures du matin, dans un cabinet de l'hôtel du gouvernement situé au-dessus des appartements occupés par l'état-major, le général, après avoir tenté de se faire sauter la tête en mettant le feu à deux gargousses de poudre qu'il s'est attachées au col, s'arme d'un rasoir, et se coupe la gorge.

Nous donnons à la suite de ce chapitre, comme annexe, le procès-verbal constatant tous les affreux détails de ce suicide, les cris de désespoir de Mme Des Brulys, la levée du cadavre, etc.

Avant de mettre à exécution son fatal projet, le général écrivit le testament suivant trouvé lors de la constatation et de la levée de son cadavre sur le bureau placé dans son cabinet de toilette ; cet écrit mis en évidence de manière à être remarqué, est ainsi conçu :

« (1) eux pas être traître à mon pays. Je ne
« veux pas sacrifier des habitants à la défense
« inutile de cette isle ouverte. D'après les effets
« que j'entrevois de la haine ou de l'ambition de
« quelques individus tenant à une secte révolu-
« tionnaire, la mort m'attend à l'échafaud ; je
« préfère me la donner.

« Je recommande à la Providence et aux âmes
« sensibles, ma femme et mon enfant.

« Ce 25 septembre 1809.

« Le général Des Brulys »

Voici ce qui se passe à Saint-Paul dans cette journée. La nouvelle de cet affreux événement y est connue dans l'après-midi ; la population en est atterrée ; l'ennemi, voyant la ville épouvantée, fait des promesses flatteuses aux malheureux incendiés et ruinés ; il engage les habitants à revenir chez eux en leur assurant que l'ordre va être rétabli partout ; que la mort du général ne change rien à ses bonnes intentions ; que seulement toutes les propriétés de l'Etat seront, par précaution, démolies ; qu'on ne les incendiera pas pour éviter

---

(1) Les mots supprimés sont effacés par deux taches.

que le feu ne se communique aux maisons des particuliers qui les avoisinent.

26 et 27 septembre. — Les Anglais travaillent pendant ces deux journées à embarquer les marchandises restant dans le magasin de l'Etat. Les salaisons, les farines et les bois qu'ils ont réussi à sauver, entreposés dans le magasin Caillot, aujourd'hui maison Bury, occupée par la douane, sont portés à bord du *Otter* sous la direction du capitaine Wilby.

De temps en temps, on entend les explosions qui annoncent la destruction des épaulements, des batteries, des puits et des fours à boulets.

Le feu se communique aux baraques avoisinant les batteries. Dans la précipitation apportée à leur œuvre d'anéantissement, il y eut 6 anglais de tués dont un officier de génie.

Quelques canons sont embarqués à bord de l'*Europe* pour lui servir de lest ; le capitaine Corbett, le mauvais génie de la colonie comme le maréchal Blücher l'a été de la France impériale, veut avoir l'honneur, sans gloire, d'opérer l'embarquement de ces trophées de sa facile victoire.

Il était réservé à l'héroïque Bouvet d'avoir raison de Corbett, plus tard commandant l'Africaine ; voici dans quelle circonstance ; que le lecteur nous permette une courte digression : « Sachant que l'*Iphigénie*, commandé par notre compatriote, croisait devant le cap Bernard, à quelques milles de la rade Saint-Denis, Corbett part de la capitale pour attaquer cette frégate, avec le ferme espoir de la ramener bientôt ; il invite, à cette occasion, plusieurs officiers de l'armée de terre à assister, comme à une partie de plaisir, au combat à la suite duquel, dans sa présomption, il doit amariner facilement l'*Iphigénie*, et faire prisonnier son énergique commandant.

Bouvet raconte avec un malin plaisir et avec la modestie qui convient à l'homme de génie, qu'à un banquet improvisé à Saint-Denis en l'honneur de Corbett, au moment de s'embarquer, un toast avait été porté au prochain succès du commodore qui allait se réunir à la division Rowley pour combattre nos frégates dont l'*Iphigénie* faisait partie ; qu'alors l'Amphitrion se levant avait dit : « *Je propose aussi la santé du capitaine Bouvet et j'espère, commodore, que vous nous procurerez le plaisir de le voir bientôt.* »

Ni le présomptueux Corbett, ni les officiers invités à assister à cette singulière partie de plaisir ne revinrent de leur promenade (voir page 143, précis des campagnes de Bouvet.)

Après la prise de l'*Africaine*, 14 septembre 1810, M. Mourgues, capitaine d'artillerie, envoyé à bord de ce navire, en revint les larmes aux yeux : « C'est à fendre le cœur, disait-il, les hommes sont pilés comme dans un mortier. »

Le commodore Corbett mourut horriblement

mutilé, il avait eu les deux cuisses coupées. Il demanda à être enterré à Sainte-Rose, à l'endroit où il avait mis pied à terre pour la première fois, sur le sol de Bourbon.

Ses dépouilles mortelles reposent sous un monument qui a été élevé, en 1813, près de l'embarcadère de ce quartier, par les soins du colonel Keating.

Le commandant Bouvet, le désintéressement et l'honnêteté même, ne retira rien de sa prise pas plus que de toutes celles faites par lui dans sa brillante carrière ; il ne prit comme trophée de sa sanglante victoire sur Corbett que le sabre de son ennemi vaincu qu'il conserva toujours.

Nous devions bien cette page au commodore Corbett, notre plus cruel ennemi, que nous retrouverons l'année prochaine à la prise de l'île.

Revenons maintenant au récit des événements accomplis dans les journées des 26 et 27 septembre.

La *Néréide* vint, la dernière sur la barre, mouiller au large sur un simple câble : elle envoya à terre un grelin venant très avant sur le rivage prendre les canons disposés pour l'embarquement ; par la force du cabestan on les conduisait à la plage quoiqu'ils en fussent très éloignés ; arrivés au bord de l'eau, ils étaient embarqués dans une grande chaloupe, on les hissait ensuite, sur la *Néréide*, par le battant du bout de vergue. Plusieurs de ces canons traînés ainsi ont été abandonnés sur les lieux, on les voit encore lorsqu'après les grand raz de marée le sable a été très affouillé.

Le calme qui régnait dans la baie permettait à la *Néréide* de se retirer en toute sécurité à cette longue et fatigante opération.

On embarquait dans la baie les canons avec la même facilité qu'en 1871 les Prussiens faisaient traverser l'est de la France par leurs lourds engins de siège.

Pendant ce séjour, sans inquiétude pour eux, les Anglais se promènent à cheval dans le quartier, en bateau dans l'étang, il se livrent au paisible plaisir de la pêche dans le réservoir de ce cours d'eau poissonneux ; ils ne sont accompagnés que de quelques hommes emportant pelles, haches, filets, en un mot tout ce qui est nécessaire pour enlever les obstacles susceptibles de les gêner dans leurs promenades.

Que l'on nous pardonne ces détails minutieux en toute autre circonstance ; ils nous sont racontés par un témoin oculaire qui, la mort dans l'âme, a assisté journellement à ce qui se passait dans la ville prise.

Ils dépeignent bien la situation d'alors ; le sans gêne et le calme de nos envahisseurs : c'est de l'histoire vue au microscope.

La *Boadicca*, le *Saphir* partent pour leurs croisières.

28, 29 et 30 septembre et 1ᵉʳ octobre. — Pendant ces journées, est continuée la destruction complète des batteries, de la caserne, des corps de garde.

Les militaires du 56ᵉ régiment dirigés par leurs officiers en sont chargés.

2 octobre. — Le *Syrius*, le *Wips*, la goëlette de M. Bouvas et celle de M. Caillot, toutes les deux, prises sur la rade, et plusieurs bateaux de débarquement, le tout commandé par le lieutenant colonel Keating, sont dirigées sur Saint-Gilles pour y incendier les bateaux et le bâtiment appartenant à l'Etat ; à 9 heures du matin, l'expédition y était rendue. Elle est reçue à coups de canon par quelques miliciens, canonniers improvisés et organisés par l'énergique capitaine de la 10ᵉ compagnie des voltigeurs de la milice de Saint-Paul, M. Valery Martin que l'on a vu plus tard commandant des milices de ce quartier.

Malgré leur petit nombre, ils font bonne contenance et ne cèdent à l'ennemi que devant l'énorme supériorité du nombre.

L'histoire de la colonie doit conserver les noms de ces braves qui ont soutenu l'honneur du drapeau : Jean Dupuy, Desbarrières, Michel Maunier, Evariste Maunier et Mercher.

Malgré la défense désespérée du capitaine Valery Martin, la batterie et le poste sont détruits ; les canonniers prisonniers sont embarqués à bord du *Syrius*, et conduits à Saint-Leu pour servir de prétexte à la présence des Anglais devant le quartier vers lequel ils font voile, où ils veulent, disent-ils, débarquer leurs prisonniers.

Rendu à la passe de Saint-Leu, le commandant Pym envoie à terre un parlementaire ; le colonel Keating l'a déjà devancé. Les habitants repoussent l'ennemi à coups de canon ; pour empêcher toute communication, ils tirent même sur le bateau parlementaire qui vire de bord ; ayant rejoint la frégate, celle-ci retourne ensuite à Saint-Paul.

3 et 4 octobre. — Le *Syrius* revient au mouillage.

5 octobre. — Vers cinq heures et demie du soir le commodore Rowley fait signal à la *Caroline*, au *Otter*, au *Stratheim*, d'appareiller.

Le *Grappellier* et la *Fanny*, capitaine Gonthier, les *Deux amis*, capitaine Frère, ces deux derniers navires de commerce français, ont été capturés à leur entrée en rade ; ils reçoivent aussi l'ordre d'appareiller et de suivre l'escadre.

On sut plus tard que ce départ avait lieu pour le cap de Bonne-Espérance.

Le *Stratheim* emporte toutes les marchandises sauvées du magasin en bois de M. Caillot.

Il ne reste donc que le *Raisonnable*, le *Syrius*, le *Wips*, la goëlette de M. Bouras, l'*Europe* et un navire américain.

6 octobre. — Dans la matinée, le *Wips* et la

goëlette Bouvas sont expédiés pour aller éclairer le voisinage de la baie; dans la soirée du 5, les Anglais embarquent les gardes occupées aux postes de la ville depuis le 21 septembre.

Seul le colonel Keating reste à terre, annonce son prochain départ à la première brise.

A 2 heures de l'après-midi, le canon d'appareillage est tiré par le *Raisonnable*.

Le brick américain a ordre de partir avec défense de chercher à revenir, notification lui ayant été faite que l'île de France et l'île Bonaparte sont bloquées. Cet américain traitait d'affaires à Saint-Paul; l'ordre de partir immédiatement ne lui permit de ne prendre que 500 balles de café.

Avant de quitter l'île, les Anglais, pour avoir l'apparence de la générosité, font entre eux une souscription pour indemniser leurs victimes. Cette souscription monte à 2,000 piastres (10,000 fr.) qui doivent être distribuées aux incendiés. Comme ils n'ont pas d'argent, ils font une obligation qu'ils remettent au commissaire civil en lui disant qu'aussitôt leur arrivée à Rodrigue ils chargeront un parlementaire d'apporter cette somme et par la même occupation, ils renverront les noirs qui ont pu se cacher à leur bord.

Il est certain qu'on n'entendit plus parler de cette indemnité dérisoire représentant à peine la centième partie des pertes éprouvées. Ils est certain aussi que les habitants ruinés ne reçurent rien de la métropole ni d'ailleurs ; quant aux noirs cachés à bord de l'escadre on ne les revit jamais.

Le but des Anglais en venant à Saint-Paul n'était que d'enlever la *Caroline* et ses deux prises et de se venger des affronts maintes fois reçus de la part de Bouvet.

Le temps favorable, la sécurité la plus complète les engagèrent sans doute à aller plus loin.

Le colonel Keating disait devant témoins ainsi que le rappelle notre document : « Je suis heureux d'avoir pu surprendre le quartier ; car, ayant perdu 300 hommes tant dans les combats de terre que dans ceux de mer, je doutais que, sans ces circonstances favorables à mon expédition, j'eusse pu prendre un seul navire dans la rade de Saint-Paul. »

Il quitta le dernier la terre à 4 heures de l'après-midi; il s'embarqua sur le *Raisonnable*.

Un léger crayon sur le type du colonel Keating peut trouver place ici :

Le colonel Keating était bon vivant, gai, original, téméraire ; il n'avait pas cette froideur qui est le caractère distinctif de l'officier anglais ; il faisait la guerre en bon diable, il prenait et détruisait les villes en plaisantant. Il fit ses adieux au docteur Fouques, chez qui il prenait quelquefois ses repas pendant son séjour à Saint-Paul, il lui dit en riant : « Au plaisir de nous revoir, docteur, dans 2 ou 3 mois. »

Sardoniques adieux. Nous verrons dans le chapitre suivant comment il tint parole.

Les communications étaient, à ce moment, très difficiles entre les deux colonies de Bourbon et de l'île de France.

Le capitaine général Decaen n'avait été renseigné, et encore assez imparfaitement, sur les événements de Saint-Paul, que par l'aviso l'*Emilie* parti de Saint-Paul le 20 septembre. Oublié par le gouvernement impérial qui avait à faire face à tant d'éventualités : la guerre d'Espagne, Wagram, etc, il avait été aussi forcément obligé d'abandonner un peu le malheureux général Des Brulys, militaire d'une grande bravoure, connu dans l'armée par les plus brillants faits d'armes sur les champs de bataille de l'Europe et de l'Inde ; néanmoins, cet abandon du général Decaen ne le justifie pas complétement, devant l'histoire du pays, de son indifférence pour une île faisant partie de son administration. A une époque aussi critique, alors que le blocus n'était pas aussi complet, il ne s'était jamais donné la peine de venir visiter notre colonie, laquelle n'était pour lui qu'une vassale de l'île de France.

Il ne la connaissait pas ; il ne pouvait se rendre un compte exact des ressources qu'elle présentait au point de vue topographique pour sa défense. Pouvait-il se faire une idée exacte de l'esprit de ses habitants ?

Il avait bien recommandé au général Des Brulys de se transporter à Saint-Paul; mais n'était-ce point découvrir complétement Saint-Denis? Comme le dit Pajot (page 224) « les Anglais toujours si bien renseignés sur ce qui se passait chez nous », n'auraient-ils pas opéré leur descente dans la capitale ?

Toutes ces considérations atténuent la faute du général ou son apparente indécision.

A la réception des nouvelles données par l'aviso l'*Emilie*, le capitaine général Decaen écrivit à M. Des Brulys, la lettre suivante qui arriva dans la colonie après le fatal événement de la nuit du 24 au 25 septembre.

Ile de France, 24 septembre 1809.

« L'aviso l'*Emilie*, parti de la baie de Saint-Paul le 20, est entré hier à 9 heures du soir, mais j'étais loin de m'attendre que mon impatience et mes inquiétudes de ne pas voir rentrer aucun des trois bâtiments que je vous ai expédiés, il y a un mois, auraient un terme d'une nature ausssi affligeante que celle qui me porte à vous expédier de suite un aviso pour entreprendre d'obtenir des renseignements sur votre situation. Une lettre de M. le sous-préfet, datée de Saint-Leu du 21, adressée au capitaine de l'*Emilie*, dans laquelle il dit seulement:

« J'apprends à l'instant que vous êtes mouillé

à l'Étang-Salé. Je m'y rendrai le plus tôt possible, mettant beaucoup d'intérêt à donner avis à l'isle de France de l'événement de Saint-Paul. »

« Et ce que ce capitaine m'a dit verbalement avoir appris d'un patron qui lui a remis cette lettre; et qu'il aurait entendu une canonnade longue et terrible sur Saint-Paul, me font entrevoir des malheurs inouis. Serait-il possible, général, qu'aux événements de la rade il y ait encore à ajouter que l'ennemi se serait rendu maître du quartier Saint-Paul ? qu'il s'y serait établi, et que vous n'auriez pu parvenir à le chasser ? Non, je ne le crois pas, général ! j'aime mieux me persuader que si l'ennemi est parvenu à faire une audacieuse entreprise, qu'à votre voix la colonie entière s'est levée ; l'honneur, le nom français, la fidélité des habitants et leur amour pour le grand Napoléon leur en prescrivaient le devoir! Non, ils n'ont pu être indifférents à l'attentat commis envers les personnes et les propriétés de leurs frères du quartier Saint-Paul. Si le sol de ce quartier a dû être souillé un seul instant par la présence des Anglais, ils ont dû bientôt être accablés par tous les moyens que vous avez dû faire accourir de toutes parts pour en chasser la poignée de brigands qui a osé débarquer. Si contre mon attente il pourrait se faire qu'une terreur panique eût effrayé les braves de l'île Bonaparte, faites, général, que ce qui aurait dû s'exécuter au premier instant s'exécute sans différer au reçu du présent; car ce serait le comble d'un déshonneur à jamais irréparable que les Anglais avec une force aussi minime que celle qu'ils ont pu employer à une telle opération, contre laquelle je vous avais fait toutes les recommandations possibles, de vous prévenir par ma dépêche du 9 août n° 25, puissent tenir plus longtemps à leur discrétion une portion de l'isle où vous commandez.

« Les croiseurs anglais qui n'ont disparu d'ici que dans la nuit du 19 au 20 courant, qui, malheureusement, selon mes pressentiments, se sont dirigés sur Saint-Paul, m'avaient empêché de vous informer de l'arrivée de France du navire la *Joséphine*, parti de Nantes le 23 mai, et des nouvelles victoires du grand empereur contre les Autrichiens dont il occupe la capitale, ainsi que de vous faire parvenir la proclamation ci-jointe que j'ai faite en raison des circonstances aux habitants des deux colonies, et que vous proclamerez aussitôt que vous aurez pu la faire imprimer.

« Je me proposai, vu l'éloignement de l'ennemi devant cette isle, de vous expédier aujourd'hui un bâtiment pour vous l'apprendre; mais j'étais loin de penser que j'aurais à m'entretenir avec vous d'un sujet qui nous accable tous de la plus grande consternation.

« Faites, général, que je puisse avoir le plus tôt possible de vos nouvelles telles qu'elles puissent être ; je serais moins affligé si elles peuvent apporter en quelque chose un allégement à la peine que l'éprouve.

« J'ai l'honneur de vous saluer.

« Le capitaine général,

« *Signé :* Decaen.

« Je vous recommande encore, général, l'arrivée d'un second aventurier la *Nymphe*, parti le 14 juin de Bayonne, mouillé hier, dans la soirée, en ce port ; il a encore apporté d'excellentes nouvelles de l'empire dont je vous ferai part par un aviso que j'expédierai incessamment. »

Depuis la mort du général Des Brulys, le désarroi le plus complet existe dans la colonie. Les bataillons envoyés inutilement au secours de Saint-Paul, reviennent à Saint-Denis complétement désorganisés. L'on verra, du reste, dans quel triste état arrivent ces troupes d'après le rapport contenu dans la lettre, que nous publions ci-après, du capitaine Garat, commandant la deuxième compagnie d'artillerie du bataillon des colonies orientales.

A M. Josset (1), lieutenant colonel des chasseurs et artilleurs des colonies orientales.

---

(1) Nota.— Josset à qui cette lettre est adressée avait fait partie du corps des volontaires de Bourbon et s'était fait remarquer au combat de Goudelour ; il quitta ce corps lorsqu'il vit la monarchie renversée. Depuis, sollicité de

Saint-Denis, le 9 octobre 1809.

Mon commandant,

« J'ai l'honneur de vous faire le rapport de la
« malheureuse affaire qui a eu lieu à Saint-Paul,
« le 21 septembre; l'ennemi a débarqué à la
« Pointe aux Galets 800 à 900 hommes; ils
« étaient rendus à 5 heures du matin au *Trois-*
« *ponts*; ils se sont emparés de la batterie de l'em-
« bouchure qui n'a pu tirer que deux coups de
« canon; celle du centre et de la batterie neuve
« qui n'a pu tirer aussi que deux coups de canon;
« ce qui leur a fait bien du mal, malheureusement
« ces batteries n'étaient gardées que par 5 hom-
« mes d'artillerie, et qui ont été surpris; enfin ils
« étaient rendus au bazard, que le restant de la
« faible garnison qu'il y avait, était encore aux
« casernes et presque sans munitions.

« La frégate la *Caroline* et ses prises se trou-
« vaient ensuite entre le feu des vaisseaux enne-
« mis et celui des batteries de terre.

prendre du service dans un bataillon de créoles de son pays, il en fut nommé le chef par le capitaine-général Decaen. Il commanda ce bataillon d'élite jusqu'à la prise de possession de l'île par les Anglais, et le capitaine-général, dans son honorable capitulation, rendit à ce chef toute la justice qui était due à son mérite personnel et à plus de 40 ans de services utiles à la défense de l'Inde et de ses colonies.

(*Feuille hebdomadaire du 13 juillet 1825*)

« Le capitaine de la *Caroline* mit un détache-
« ment de son bord à terre pour donner renfort à
« la garnison, mais il était trop tard, l'ennemi
« s'était déjà emparé de tout.

« Nous eûmes dans le détachement deux hom-
« mes tués et un blessé :

« Nicolas Curin, artilleur, tué en pointant une
« pièce ;

« Joson Paris, artilleur, tué en pointant une
« pièce ;

« Charles Philippe, artilleur, blessé d'une balle
« à la cuisse.

« Joseph Duchezeau et Pierre Hortense, artil-
« leurs, manquent depuis l'affaire ; nous ne savons
« pas s'ils sont morts, déserteurs ou prisonniers.

« Le restant du détachement est rentré, avec
« M. Duhoulba, entièrement nuds, moitié en che-
« mise, et les autres en gilets bleus, sans souliers
« ni sackos, jamais on a vu une déroute plus
« triste que celle-là.

« Je vous prie, commandant, d'avoir la com-
« plaisance de donner vos ordres pour nous faire
« passer le plus tôt possible des souliers pour
« toute la compagnie, et l'habillement complet.
« J'ai aussi cinquante hommes sans sackos ; lors-
« que M. de Sainte-Suzanne a passé sa revue, il
« n'aurait pas reconnu la compagnie s'il n'avait
« pas vu les officiers à la tête ; il la prenait pour
« une compagnie des quartiers ; nous avons à

« Saint-Denis le bataillon de Saint-Benoît et celui
« de Saint-Jean.

« J'ai reçu en remplacement de Pierre Pèdre,
« caporal à la première compagnie d'artilleurs, par
« ordre du général en date du 18 septembre, le
« nommé André dit Floris.

« Je vous envoie, commandant, la situation de
« la compagnie avec le signalement dudit Floris,
« en vous priant de ne pas nous oublier pour les de-
« mandes que je vous ai faites dans ma dernière.

« J'ai l'honneur, commandant, de vous saluer
« très respectueusement.

« *Signé :* GARAT. »

Le commandant Bouvet, dans le précis de ses campagnes (page 84 et suivantes), juge ainsi avec le coup d'œil du marin et de l'homme politique les suites funestes de la descente des Anglais à Saint-Paul.

« J'appris des pêcheurs que Bourbon avait été le théâtre d'un désastre affreux. La frégate la *Caroline* y avait conduit deux vaisseaux très riches dont elle avait fait la capture dans sa croisière. Le blocus de l'île de France n'ayant pas permis l'introduction de ces prises au port N. O, on avait déposé leurs cargaisons dans les magasins de Saint-Paul. L'ennemi s'en étant douté, conçut le projet de surprendre ce quartier et d'y porter la destruction. Le commodore Corbett, auteur de cette entreprise, l'avait menée à fin avec un bonheur funeste ; et le lieutenant du capitaine général, M. Des Brulys, s'était suicidé à la suite de cette affaire dont le résultat fut :

« 1° La destruction de la frégate la *Caroline* et des deux navires qu'elle avait pris ;

« 2° L'incendie complet des magasins du port de Saint-Paul et des marchandises qu'ils renfermaient ;

« 3° La catastrophe du suicide de M. Des Brulys.

« Mais ce qui était le plus à déplorer, c'était la destruction du prestige qui avait préservé nos îles jusqu'alors de toute attaque : on les croyait inexpugnables, l'île de France par ses fortifications, Bourbon par ses abords difficiles.

« Après cet exploit, Corbett avait évacué Saint-Paul et était parti pour l'Angleterre : la métropole allait apprendre de lui le secret de notre puissance ; nous devions nous attendre, au retour de ce commodore audacieux, à des entreprises plus graves contre nos îles. »

En apprenant les tristes événements de Saint-Paul, le capitaine général Decaen envoya à l'île Bonaparte M. le colonel de Sainte-Suzanne comme commandant.

En débarquant (9 octobre 1809) celui-ci adressa aux habitants de l'île la proclamation suivante :

« Colons,

« Son excellence le capitaine général vient de
« me donner une preuve de sa confiance, en
« m'honorant du commandement de votre île, et
« en me plaçant à votre tête pour repousser les
« perfides ennemis qui oseraient encore tenter de
« souiller votre territoire de leur présence.

« Si le capitaine-général a dû être vivement
« touché des derniers événements que vous venez
« d'éprouver, il a au moins des motifs de conso-
« lation en apprenant le dévouement et l'ardeur
« avec lesquels vous vous êtes réunis pour vous
« opposer aux progrès de l'ennemi : nul doute que
« ce ne soit à ces belles dispositions de votre
« part qu'on ne doive son prompt rembarque-
« ment. Soyez bien convaincus que toutes les fois
« que vous vous présenterez avec confiance, il ne
« pourra soutenir vos regards.

« Comment !.... quand notre auguste empereur
« fait triompher ses aigles du Tage aux bords
« du Danube ! quand rien ne résiste à sa valeur
« éprouvée dans mille combats, nous, des
« Français, nous permettrions qu'un vil ramas de
« cipayes et de déserteurs, vienne encore nous
« braver, nous insulter ! Non ! vous attendrez avec
« impatience l'instant de vous venger. Votre va-
« leur connue, votre attachement à la mère patrie,

« à la gloire nationale, m'en sont de sûrs ga-
« rans.

« Quelquefois ces astucieux ennemis feignent de
« vous ménager ; méfiez-vous de ces caresses, ce
« sont celles du tigre. S'ils étaient sûrs de leur
« fait, ils vous traiteraient comme ils ont traité les
« habitants de Buénos-Ayres, de Copenhague, et
« enfin tous les peuples qu'ils ont subjugués ; ils
« ne laissaient après eux que le pillage, l'incendie
« et le meurtre.

« Gardes nationales, on n'abusera pas de votre
« dévouement ; on renverra dans leurs foyers tous
« ceux dont la puissance ne sera pas jugée néces-
« saire à la défense des postes les plus intéres-
« sants ; mais tenez-vous prêts à marcher au pre-
« mier signal ; soyez toujours unis ; que les petites
« passions se taisent devant le grand intérêt qui
« est le salut de la patrie. Ayez confiance dans les
« chefs que le gouvernement vous donne : je
« vous réponds que vous serez invincibles.

« Habitants de l'île Bonaparte, je sais que
« d'avance vous voulez bien m'honorer de votre
« estime ; croyez que je suis sensible à un témoi-
« gnage aussi flatteur : votre bonheur, votre gloire,
« seront les seuls objets de mes sollicitudes. »

Cette proclamation fut accueillie avec enthousiasme, et l'on se prépara à la lutte que les fréquentes croisières anglaises opérant autour de l'île, pour nous épier, rendaient imminente.

Telle est l'histoire exacte du débarquement des Anglais à Saint-Paul, et leur départ. J'ai tenu à entrer dans les plus minutieux détails, et à n'en pas négliger un seul, même le plus insignifiant en apparence, afin de faire voir au lecteur le soin que j'ai pris pour lui permettre d'apporter ses investigations dans tous les événements accomplis à cette époque. J'ai voulu en outre me tenir en dehors des légendes contradictoires qui attribuaient à tels ou tels la venue des Anglais dans la colonie, et juger les événements avec la plus complète impartialité.

La responsabilité de la prise de Saint-Paul et les succès faciles des Anglais incombent particulièrement au commandant Saint-Michel dont l'impéritie et l'incurie furent à cette époque vivement critiquées ; à l'infortuné général Des Brulys qui ne fut que malheureux et victime des événements ; il paya de sa vie la fatale obligation dans laquelle il se trouvait de sortir d'une situation inextricable.

LEVÉE DE CADAVRE

DU GÉNÉRAL DES BRULYS

PROCÈS-VERBAL

L'an mil huit cent neuf, le lundi vingt-cinq septembre, sept heures du matin, sur l'avis à nous donné par le sieur Pitois, commandant d'armes, suivant sa lettre en date de ce jour, demeurée jointe au présent, de la mort violente du général Des Brulys, général de division, lieutenant du capitaine général, commandant en cette isle ; nous Joseph Boulley-Duparc, président du tribunal de première instance de l'isle Bonaparte, assisté de Charles Gaspard Marcand, greffier en chef, et accompagné de M. Gillot-L'Étang, procureur impérial, sommes transportés jusques au gouvernement où nous avons trouvé le dit sieur Pitois, lequel nous a dit que pour être plus à portée des besoins du service, dans l'état d'alarme où est la colonie, il couche dans le bureau de l'état-major ainsi que l'adjoint Le Bailly ; que, ce matin, vers les cinq heures, ils ont entendu un bruit extraordinaire au-dessus de leur tête où se trouve le cabinet du général Des Brulys ; que réveillés par ce bruit ils n'y ont d'abord pas fait grande attention parce qu'ils sont accoutumés d'entendre le général souvent dans son bureau la nuit; que quelques minutes après ils ont entendu crier une femme qu'ils ont cru que c'était une négresse qu'on fouettait dans la cour; que M. Le Bailly alors est sorti de son lit pour aller voir ce que c'était, et qu'il a reconnu Mme Des Brulys et sa famille, jettant des cris dans la galerie du gouvernement; tous deux alors ont cherché à monter par le grand escalier pour aller au secours de Mme Des Brulys qu'ils entendaient crier sans pouvoir distinguer ce qu'elle disait; qu'ayant trouvé les portes fermées, y ayant frappé inutilement, ils sont revenus passer par le bureau de l'état-major, où ils avaient couché, pour chercher le petit escalier qui conduit au bureau et aux appartements du général; qu'ils se sont aperçus en montant cet escalier d'une quantité de fumée sortant du cabinet du général; que l'un des déclarants, le commandant d'armes, n'a pu y pénétrer, qu'il a trouvé en dessous de la porte du dit cabinet, un morceau de toile enflammé, qu'il a éteint avec le pied; que le général ne répondant pas aux cris du commandant d'armes, qui dans l'obscurité l'appelait et demandait où il était, il s'est dirigé vers la chambre à coucher, où il n'a point trouvé le général; que M. Le Bailly, qui le cherchait aussi, l'a trouvé étendu mort et baigné dans son sang, dans une petite garde-robe à côté de la chambre à coucher; qu'à l'instant même ayant fait monter quelques soldats armés de la garde de la place, et s'etant fait donner de la lumière par les domestiques de la maison, ils ont pénétré dans le cabinet du général, ensuite dans sa chambre à coucher et dans la garde-robe, pour s'assurer s'il n'y avait personne d'étranger caché dans les appartements du général; qu'il n'y a trouvé personne, mais qu'ils ont observé que les vitres du cabinet du général étaient ouvertes, ce qui a paru extraordinaire, la nuit ayant été froide et faisant beaucoup de vent; que de suite on a fait poser des sentinelles à la porte du cabinet du général et auprès de son corps, et fait prévenir les autorités constituées ; n'ayant plus rien à déclarer ont signé

Pitois, Le Bailly.

De suite, sommes monté par le petit escalier qui conduit au cabinet et à la chambre du général qui se trouve au levant, et étant entré dans la garbe-robe, au nord de ladite chambre avons trouvé un cadavre étendu sur le dos sur le plancher, la tête relevée et appuyée contre un bidet, la figure et la poitrine couvertes de sang ; lequel cadavre est vêtu d'un habit de drap bleu, brodé en or, ayant deux épaulettes, un gillet de toile blanche, un pantalon de casimir bleu, des bas blanc de coton, des souliers, la tête nue, lequel cadavre nous avons reconnu être le corps du général Des Brulys, à côté de lui s'est trouvé un rasoir à manche d'yvoire, ouvert et teint de sang, et dessous et en travers des cuisses un sabre nud dont la pointe est ensanglantée.

De suite avons fait appeler les sieurs Rivaud, officier de santé en chef de l'hôpital militaire de cette isle ; Rivierce, médecin, Laforgue et Dupré, officiers de santé, demeurant au quartier de Saint-Denis, à l'effet de visiter et constater l'état du cadavre du général Des Brulys, lesquels susnommés ayant fait la visite du dit cadavre ont reconnu, et nous ont déclaré, qu'ils avaient vu une plaie faite par un instrument tranchant à la partie antérieure du col au dessus du cartilage tiroïde, prenant depuis la partie latérale gauche, ayant divisé les muscles antérieurs et fléchisseurs de la tête, la trachée arterre, les œsophages, les arterres carotides et les jugulaires ; qu'ils ont aussi observé une forte contusion à la bosse frontale droite, les mains et la figure brûlées ainsi que les vêtements qui lui couvrent la poitrine ; qu'ils pensent que ce sont ces plaies et contusion qui ont occasionné la mort du général Des Brulys; lesquels officiers de santé et médecin ont dressé procès-verbal de leur visitte et constatation, lequel est demeuré joint et annexé au présent;

Et avons signé à cet endroit avec les dits officiers de santé, le procureur impérial et le greffier.

GILLOT-L'ÉTANG, LAFORGUE,
DUPARC, DUPRÉ.

De suitte avons fait perquisition dans les différents appartements occupés ordinairement par le général Des Brulys, afin de découvrir les causes de la mort du dit général; étant entré dans son cabinet accompagné du commandant d'armes, et en sa présence, avons trouvé sur le plancher un mouchoir paliacat blanc et jaune aux trois quarts brûlé, sur lequel parait quelques taches de sang, s'est trouvé aussi sur le dit plancher quelques morceaux de toile blanche aussi presque brûlés, nous étant approché du bureau, M. le commandant d'armes a apperçu un écrit placé de manière à être remarqué, l'ayant pris et nous l'ayant remis, s'est trouvé écrit ce qui suit : « Je ne veux pas être
« traître à mon pays. Je ne veux pas sacrifier des habi-
« tants à la défense inutile de cette isle ouverte ;
« d'après les effets que j'entrevois de la haine ou de
« l'ambition de quelques individus tenant à une secte
« révolutionnaire, la mort m'attend à l'échafaud ; je
« préfère me la donner.

« Je recommande à la providence et aux âmes sensibles, ma femme et mon enfant.

« Ce 25 septembre 1809.

« Le général DES BRULYS. »

Lequel écrit est demeuré joint et annexé au présent, après avoir été de nous président susdit, signé *ne varietur*.

Dont et tout quoi avons dressé le présent procès-verbal et signé icelui avec le commandant d'armes, le procureur impérial et le greffier.

Pitois,

Gillot-l'Étang, Duparc.

ANNEXE

Pour copie figurée certifiée conforme :

Saint-Denis, le 18 août 1880.

Le procureur général P. I,,
Signé : Crépin.

PRISE DE L'ILE

1810

Comme nous le disions dans notre precédent chapitre, le débarquement des Anglais à Saint-Paul, le succès de leur audacieuse entreprise dirigée par le commodore Rowley et le lieutenant-colonel Keating, avait révélé au gouvernement Britannique notre faiblesse ; le prestige qui avait protégé nos colonies avait disparu ; « on croyait l'île de France inexpugnable par ses fortifications, Bourbon, par ses abords difficiles. »

En quittant Saint-Paul, le capitaine Corbett était parti pour l'Angleterre ; ce voyage ne fut pas sans doute étranger aux événements de 1810. On pensa alors à une attaque plus sérieuse contre l'île Bonaparte. Quelques navires de la division Rowley s'étaient dirigés vers le cap de Bonne-Espérance, emportant les prisonniers faits dans l'affaire de Saint-Paul ; les autres étaient partis pour l'Inde ou M. Gilbert Elliot, comte de Minto, alors gouverneur, s'occupa de l'organisation d'une expédition pour envahir et prendre l'île Bonaparte que l'on savait défendue seulement par une compagnie de chasseurs du régiment de l'île de France, forte d'une cinquantaine d'hommes, de deux compagnies de gardes nationaux soldées, composées à peine d'une soixantaine d'hommes ; quelques artilleurs formant en tout un effectif de cent-vingt hommes de troupes régulières.

La garde nationale de 432 hommes n'en avait que 300 sous les drapeaux. Elle comptait deux compagnies d'artillerie et quelques tirailleurs ralliés à ce petit corps de troupe chargé de défendre une île ouverte.

Le parc d'artillerie commandé par le chef de bataillon, Cabanne de Laprade, n'avait à sa disposition qu'une poignée d'hommes et 70 noirs de réquisition dont le nombre devait être porté à 300. On n'en avait pu réunir que 70, parce qu'à peine les Anglais en vue, ces soldats improvisés, surtout peu disposés à se voir maintenus dans l'esclavage, désertaient ; en définitive, ils ne devaient pas être des défenseurs bien zélés ni des soldats solides au feu.

Si, comme pour notre récit relatif à Saint-Paul nous avions des documents racontant heure par heure les événements accomplis pendant le débarquement et l'attaque des Anglais, notre tâche aurait été moins difficile ; mais malheureusement tout nous manque ici ; pas une pièce administrative ne se trouve aux archives coloniales pour cette période de 1810 à 1814. Elles ont été toutes ou enlevées, portées en Angleterre ou anéanties par l'incendie qu'il y eut quelque temps après.

Malgré cette absence de pièces, nous possédons heureusement une partie du brouillon autographe du rapport rédigé par le commandant Cabanne de Laprade (1), rapport adressé au colonel de Sainte-Suzanne dans la journée du 8 juillet, quelques heures avant la capitulation. Malheureusement, trois feuillets de ce précieux document ont été égarés, les deux qui restent nous font regretter l'absence de ceux qui manquent.

L'expédition anglaise dirigée contre l'île Bonanaparte se composait de 21 bâtiments ; ils portaient outre les marins de débarquement, 1,800 hommes de troupes européennes et 1,850 cipayes, formant un effectif de 5 à 6,000 hommes.

Les troupes de débarquement étaient, comme pour l'expédition sur Saint-Paul, commandées par le colonel Keating ; l'escadre sous les ordres du commodore Rowley.

---

(1) Étienne-Jean-Augustin Cabanne de Laprade, né à Marsal, département de la Meurthe, le 1768 partit de France sur le transport l'*Adriade* le 26 décembre 1787 avec le grade de sous-lieutenant d'artillerie ; il servit peu de temps dans l'Inde, tint ensuite garnison à l'île de France, et arriva à l'île Bourbon le 1ᵉʳ novembre 1792 ou il servit jusqu'à la prise de l'île.

Elle était, le 6 juillet au matin, au rendez-vous donné à 50 milles dans l'est de l'île, et le lendemain en vue de Saint-Denis.

Le 7 juillet 1810 de bonne heure on signale au vent 3 bâtiments dont 2 à trois mâts et un à deux ; ce jour, dit le document que nous avons en mains, était celui désigné pour faire manœuvrer les noirs de réquisition des habitants affectés à l'artillerie ; on s'occupait de les exercer sur la batterie impériale (celle protégée aujourd'hui par le *Cavalier*) et aux pièces de campagne au nombre de 70 : il devait être de 300. Aussitôt l'apparition des vaisseaux ennemis, on ordonna que les noirs resteraient au parc d'artillerie et qu'on n'en laisserait sortir aucun. On en consigna en outre 15, appartenant à l'artillerie, et 20 des réquisitionnés en ce moment employés aux travaux de l'intérieur.

Un des trois bâtiments ennemis, la *Néréide*, capitaine Willoughy, donne la chasse au petit aviso parti de Saint-Paul deux jours avant pour l'île de France. Cet aviso était un peu au vent, en calme, devant la batterie impériale, à environ une lieue de terre. On lui signale de revenir, on lui envoie six embarcations pour le tauer dans la rade, ce à quoi l'on parvient ; il mouille entre 8 et 9 heures.

A 8 heures, cinq bâtiments ennemis paraissent entre Saint-Denis et la rivière Saint-Jean.

La frégate la *Néréide* passe devant la rade à 9 heures, descend sous le vent. On aperçoit beaucoup de monde à son bord ; elle continue sa route et va mouiller à la Grande-Chaloupe où elle commence son débarquement à une heure et demie.

A 10 heures, dix voiles sont signalées ; une demi-heure après, 14 entre Sainte-Marie et Saint-Denis. Le canon d'alarme est tiré ; on bat la générale entre 11 heures et midi ; à midi, 18 navires sont en vue ; à une heure et demie on en reconnaît 21 qui mouillent à la *Mare,* on voit des préparatifs de débarquement.

Le colonel de Sainte-Suzanne fait dire au commandant d'artillerie par le commandant d'armes, M. Lautrec, de mettre le feu aux fourneaux à réverbère ; cet ordre est immédiatement exécuté aux deux batteries impériales et à celle n° 4. Le feu est entretenu toute la nuit et le jour suivant.

Dès midi, M. de Laprade écrit au commissaire civil pour l'engager à faire revenir au parc d'artillerie les 300 noirs de réquisition destinés à son service, lui faisant observer qu'il n'en était venu que 70, le matin, à l'exercice ; que parmi lesquels plusieurs s'étaient déjà évadés. Ce dernier lui répond qu'il n'a aucun moyen à sa disposition pour les faire rejoindre. Cette réponse est de suite transmise à M. le commandant Lautrec par une ordonnance. Les efforts de ce dernier joints aux siens pour la réunion de ces noirs, n'eurent pas plus d'effet.

A 3 heures, les troupes de la garnison et celles

de la garde nationale sont réunies sur la place d'armes ; M. de Sainte-Suzanne, avec son état-major, les passe en revue ; il les harangue. On est rempli d'ardeur et animé du désir de combattre, sans grand espoir néanmoins de sauver la colonie de l'envahissement des étrangers.

La troupe défile au pas de manœuvre ; chacun se rend à son poste de combat ; une partie reste sous la direction du colonel, l'autre est dirigée vers le Butor en première et en deuxième ligne, sous le commandement du chef de bataillon de génie Soleille; les canonniers sont envoyés à leur batterie. Dans ce même moment, on distribue les munitions demandées pour l'armement des troupes; on délivre les armes ; celles qui sont défectueuses sont remplacées ; les artilleurs sont prêts à marcher avec les pièces de position et de campagne convenablement approvisionnées. L'artillerie consiste en 2 pièces de 8, en fer, sur affût de campagne, avec avant-train ; 10 de 4, en bronze, dont 2 longues et 4 courtes, et 4 de 1, à la Rostaing.

A quatre heures, M. de Laprade fait partir 2 pièces de campagne munies chacune de 3 caissons contenant ensemble 60 coups, dont moitié à mitraille et moitié à boulet, sous les ordres de M. Garat, capitaine des artilleurs des colonies orientales. Ces pièces sont servies par 16 hommes de sa compagnie et un sergent ; elles sont traînées par 20 noirs de réquisition....

Là s'arrête la première partie du document; cette lacune regrettable nous prive de donner heure par heure le détail des événements accomplis vers la fin de la journée du 7 et la matinée du 8 juillet.

On voit les dispositions prises par le sous-directeur de l'artillerie, sous les ordres du colonel de Sainte-Suzanne, pour le combat du lendemain. Que se passait-il alors du côté de l'ennemi ?

D'après leur plan arrêté, que nous trouvons rapporté dans Voïart, la première brigade, composée du 86e régiment de S. M. B., du premier bataillon du 6e régiment d'infanterie indienne de Madras et d'un détachement d'artilleurs et de pionniers, sous les ordres du lieutenant colonel Fraser, devait être débarquée à la Grande-Chaloupe pour se diriger sur Saint-Denis par la montagne.

« Les 2e, 3e et 4e brigades qui devaient débarquer à la Rivière des Pluies, avaient ordre de forcer la ligne de défense, en s'étendant depuis le Butor pour rejoindre, par les hauts de la ville, la brigade arrivant de la montagne. La 4e brigade, formant l'avant-garde, était commandée par le lieutenant colonel Campbell. »

Ces troupes se composaient, comme nous l'avons déjà dit, de 1,800 soldats européens, de 1,850 cipayes, des compagnies de débarquement formant environ un effectif de 5 à 6,000 hommes. Parmi les capitaines de l'un des navires de l'escadre se trouvait le commodore Corbett que nous rencontrons toujours à l'avant-garde de nos mortels ennemis.

C'est à ces 5 ou 6,000 hommes que nous avions à opposer notre faible garnison qui, dans la circonstance, ne pouvait que mourir pour l'honneur du drapeau, sans grand espoir de repousser les envahisseurs.

« Le 7, la *Néréide* est chargée de reconnaître la côte. Vers quatre heures, le débarquement commence ; le lieutenant colonel Campbell, le lieutenant colonel Macleod, commandant la 3e brigade, prennent terre à la Rivière des Pluies, avec chacun 150 hommes de leur brigade et un détachement de marins. La violence de la mer jetant plusieurs haloupes et chalands sur la côte, suspend les opérations de l'ennemi.

« Les troupes débarquées avaient mouillé leurs munitions et perdu une partie de leurs armes ; elles auraient pu se trouver dans un grand embarras, si des forces avaient été dès lors dirigées sur ce point. Le colonel Sainte-Suzanne pouvait-il tenter une entreprise offensive avec le peu de troupes dont il disposait, insuffisantes pour la défense ? Un officier anglais, le lieutenant Foulstone, vient à la nage apporter au lieutenant colonel Macleod, l'ordre d'occuper Sainte-Marie pour la nuit. Cet ordre est exécuté. »

Il ne se passe rien de bien important de ce côté

pour repousser cette pointe dirigée dans la Partie du Vent afin d'arrêter tout secours pouvant venir de là pour Saint-Denis.

Sauf la défense énergique soutenue dans l'emplacement Biberon et organisée par une poignée de braves, à la tête desquels se trouvait le capitaine des milices Fitz-Gérald, la retraite un peu précipitée à travers le cimetière de ce quartier et le canon mis en position au haut de la rampe Tabur, canon qui ne partit pas à cause de son étrange amorce, nous n'avons rien de bien saillant à noter.

Sainte-Marie est occupée par l'ennemi le 7 et la journée du lendemain.

Aussitôt après la capitulation, ce corps d'observation vient dans la capitale.

« Dans la matinée du 8, le colonel Keating opère son débarquement à la Grande-Chaloupe avec les troupes qui n'avaient pas été mises à terre à la Rivière des Pluies; elles se joignent à celles qui sont sous le commandement du lieutenant colonel Fraser.

« Le colonel chef se dirige aussitôt sur Saint-Denis ; à deux heures, il est sur la montagne en vue de la ville; à quatre, il commence l'attaque. »

Là, était le nœud de la défense. Si un fort détachement avait pu être envoyé de ce côté, on arrêtait l'ennemi à son débarquement où l'on paralysait sa marche dans le sentier très rapide qui conduit du fond de la Ravine de la Grande-Chaloupe au haut de la montagne des signaux qu'il fallait franchir pour arriver jusqu'à la plaine de la Redoute ; cet étroit chemin traversant une forêt de tamariniers, pouvait être défendu facilement par des tirailleurs ; on aurait pu alors arrêter la marche des Anglais.

Néanmoins ils furent incommodés dans leur marche ascendante, au milieu des arbres qui couvrent le flanc sud de cette rampe escarpée, par quelques volontaires embusqués, commandés par Labastille et Tirol.

Ce combat en retraite fait le plus grand honneur à nos créoles ; nous regrettons de ne pas les connaître tous, car leurs noms devraient trouver place ici.

Les Anglais rendus au sommet de la montagne arborent un drapeau à leurs couleurs nationales ; ils se disposent à descendre son versant nord pour se déployer dans la plaine de la Redoute où doit avoir lieu le dernier effort, où doit être le terme de leur entreprise.

Dans la troisième rampe de ce côté, ils sont un moment arrêtés par un petit détachement de miliciens, commandé par l'officier Laplante.

La tête de cette longue file rouge qu'on voyait descendre en zig-zag les rampes pavées dont la route se composait alors, s'arrêta au tournant de la dernière ; la poignée de défenseurs qui allait faire face à l'ennemi, l'attendait au pied de la montagne. Du côté des Anglais, on vit un tambour se camper fièrement à quelques pas en avant de sa troupe, et se mettre à exécuter un roulement. Il avait à peine commencé, qu'un coup de feu, parti des rangs français, l'étendit raide sur le carreau. En tombant avec lui, sa caisse se détacha de sa ceinture, prit la pente rapide du bout de rampe qui restait inoccupé et vint, en roulant et rebondissant sur le pavé, s'offrir d'elle-même en trophée au tireur français qui avait visé si juste.

Quelles étaient les forces du chef-lieu pour résister à 5 ou 6,000 hommes ? nous l'avons déjà dit au commencement de ce récit, il ne possédait que deux compagnies de soldats européens, formant en tout 100 hommes ; deux compagnies de mobiles créoles comprenant ensemble 160 hommes et quelques gardes nationaux ; cependant la défense fut énergique et non sans gloire.

Le gros de la troupe ennemie descend de la montagne ; il rencontre la garnison créole qui s'était portée en avant pour s'opposer à sa marche sur la ville ; il y eut là un engagement fort vif ; des actes de courage héroïques.

Deux batteries de campagne y sont établies ; une, servie par 10 artilleurs réguliers et quelques miliciens, sous les ordres du capitaine Aubry, fait éprouver à l'ennemi des pertes sérieuses.

Le brave chevalier de Jouvancourt, officier

d'artillerie de la garde nationale, commande une compagnie; il arrête un moment l'ennemi ; c'est aux feux bien nourris de sa batterie qu'est due l'hésitation de la colonne anglaise; sur le point de de battre en retraite, ne s'attendant pas à une si vigoureuse résistance, elle n'est arrêtée dans ce mouvement que par l'intervention énergique d'un officier anglais, et reprend l'offensive.

Le capitaine des milices, Cogé, du 100e chasseurs, Jouan, commandant des milices, font des prodiges de courage ; ils résistent en désespérés au flot envahisseur.

A ce moment, Soulange Jean-Marie, voyant l'une des deux pièces de campagne au pouvoir de l'ennemi, s'élance avec quelques artilleurs dans la mêlée, l'enlève et la ramène au milieu de sa compagnie ; reprise une seconde fois, Soulange Jean-Marie l'encloue sous les yeux de l'ennemi alors que les Anglais en sont déjà en possession.

C'est là que succombe le brave Amédée Patu de Rosemont, au moment où, pour électriser sa petite troupe, dans un dernier élan, il meurt en s'écriant : Chasseurs, en avant !...

Cette résistance héroïque donne lieu, dans la mêlée, à un épisode qui rappelle les temps antiques : Le jeune Gilet se trouve en face d'un officier anglais; ce brave créole, de petite taille, agile, engage avec lui un combat singulier; déjà il atteint son adversaire d'un coup de sabre, et le fait chanceler lorsqu'il est tué d'un coup de hallebarde dans le flanc par un sergent ennemi, étranger à cet engagement particulier.

Dans ce combat, qui eut lieu de 4 à 5 heures du soir, se distinguèrent le commandant Lautrec blessé grièvement, et le tirailleur Wiser Técher et tant d'autres dont l'histoire n'a pu retenir les noms; Técher tua seul 14 Anglais.

Cette offensive de notre part fut refoulée.

Pendant l'engagement de la Redoute, les troupes ennemies, débarquées à la Rivière des Pluies, avaient rejoint dès le commencement de l'action, le colonel Keating; elles s'étaient rendues dans la ville en partant du Butor, et en suivant par les hauts la rue Dauphine, fifres en tête.

C'est ici que se place un épisode comique que la nature de cette causerie moins sérieuse que l'histoire, nous permet d'introduire dans ce récit :

Le chemin qui conduisait du Butor à la rue Dauphine était alors bordé de *pignons d'Inde*. Les Anglais, et surtout les cipayes, affriandés et curieux de savoir ce que valait le petit fruit contenu dans l'enveloppe noire de la graine que produit cet arbuste, voulurent en goûter ; la légende rapporte qu'ils n'eurent pas à se louer des effets pressants de cette amande agréable au goût, mais perfide à cause de la présence du germe blanc qu'on y trouve.

Nous démentirions notre origine gauloise si nos pères n'avaient pas su tempérer, par la moquerie et le rire, la douleur occasionnée par ces mauvais jours.

La ville est cernée de tous côtés.

Que pouvait faire une poignée de braves contre un ennemi si supérieur en nombre ?

Ici reprend le document (rapport Laprade). Nous en avons comblé la lacune par la légende et les renseignements recueillis de source certaine.

Nos troupes cèdent au nombre, battent en retraite pied à pied en descendant de la redoute à la Rivière Saint-Denis.

A cette époque la ville communiquait avec le quartier de la Petite-Ile au moyen d'un chemin étroit et pavé faisant suite à l'escalier commençant derrière l'hôpital militaire. On traversait la Rivière sur un radier que le pont actuel a remplacé ; ce chemin qui passait devant la distillerie Géringer montait jusque devant la propriété Beauvais, et de là, se dirigeait vers la Plaine de la Redoute.

Voyant ce mouvement rétrograde, le commandant Laprade réunit le plus de monde qu'il peut des postes de la place, et de la batterie impériale, avec lequel il fait sortir les deux pièces de 8 de position ; il les place l'une derrière le gouvernement, dans l'emplacement de M. Lautrec, au-dessous des vigies de la Plaine, position avantageuse pour empêcher l'ennemi de descendre dans la rivière et de gagner la rive droite, l'autre, derrière l'hôpital militaire, en haut du rempart.

Il met en outre en batterie deux autres pièces de 1 à la Rostaing à l'embouchure de la Rivière, sur la rive droite, pour empêcher les Anglais de nous forcer dans cette position, et de là, le centre de la ville.

Pendant les événements de la Redoute, voici ce qui se passait du côté du Butor dans cette journée, dès 8 heures du matin.

L'ennemi s'était mis en mouvement et avait traversé la Rivière des Pluies; sa marche reconnue, les postes avancés du Butor se portent en avant; les tirailleurs échangent des deux côtés des coups de fusil, les pièces d'artillerie lancent plusieurs boulets ; M. de Sainte-Suzanne, revenu de la montagne vers 10 heures se met à la tête de la colonne dirigée de ce côté ; il a sous ses ordres le commandant Soleille ; il va reconnaître la position, il distingue plusieurs colonnes considérables; une frégate fait feu sur sa troupe, il la fait replier et reprendre ses premières positions. A cette heure du côté de l'Estfait, 5 à 6 des plus forts bâtiments avaient quitté le mouillage de la Mare, et s'étaient approchés de la rade de Saint-Denis dans l'intention de nous attaquer soit dans la journée, soit dans la nuit afin de nous forcer à tenir toujours les batteries munies d'hommes.

Nos pièces de position sur la rive droite de la Rivière de Saint-Denis ne discontinuent pas de tirer toutes les fois que l'on aperçoit l'ennemi qui s'était mis à couvert derrière le petit monticule, qui domine cette plaine et sur ceux qui continuent à descendre de la montagne. Jusqu'à 5 heures de l'après-midi, on peut estimer à 3,000 le nombre des hommes venus de ce côté; ils traînent avec eux deux obusiers qu'ils placent sur la Redoute et avec lesquels ils tirent continuellement sur nos postes de l'autre côté de la Rivière; leurs obus qui, presque tous éclatent en l'air, parviennent jusque dans le centre de la ville.

A 5 heures et demie, le commandant Laprade reçoit l'ordre de M. le colonel de Sainte-Suzanne de se rendre près de lui à son quartier général. Le commandant lui fait le rapport de la situation personnelle et matérielle des postes qui lui ont été confiés; cette convocation commune à tous les chefs de la garnison a pour but de discuter sur la situation critique et pressante où nous nous trouvions.

Après avoir entendu les rapports des chefs des différents services, et des commandants des postes il est convenu à l'unanimité que l'on fera, sur le champ, des ouvertures au commandant anglais pour lui proposer une capitulation pour la reddition de l'île sur des bases et des conditions honorables, le colonel Sainte-Suzanne reconnaissant que la résistance était impossible, et qu'il sacrifiait inutilement ses troupes.

M. Houbert, capitaine des dragons de la garde nationale, est envoyé avec un drapeau blanc à l'ennemi. Il revient de suite avec un officier supérieur anglais. Après une conversation de cet officier avec le colonel, on donne à tous les postes l'ordre de cesser le feu.

Le même ordre est porté aux postes anglais par cet officier supérieur; le colonel Keating étant venu, les articles de la capitulation sont de suite discutés et signés à 6 heures du soir dans une maison déclarée neutre située dans la rue Saint-Joseph portant actuellement le n° 133, appartenant alors à un sieur Dubourg, aujourd'hui la propriété de Mme veuve Maucron.

Voici cette capitulation :

« Capitulation pour la reddition de Saint-Denis,
« capitale de l'île Bonaparte, et de toute la dite co-
« lonie, convenue entre le colonel Sainte-Suzanne,
« commandant à l'île Bonaparte pour Sa Majesté
« l'Empereur des Français, roi d'Italie, etc., etc.,
« d'une part ;

« Et le commodore Rowley, commandant
« l'escadre de Sa Majesté Britannique et de l'hono-
« rable Compagnie, et R. T. Farquhar, esquire,
« de l'autre part.

« Toute l'île Bonaparte sera livrée à Sa Majesté

« Britannique, savoir : la ville de Saint-Denis,
« demain 9 juillet, à midi ; et toutes les autres
« stations militaires aussitôt que la présente ca-
« pitulation y sera parvenue.

« Demain, à midi, les troupes françaises qui
« occupent l'arsenal et la batterie impériale éva-
« cueront ces postes qui seront occupés par la
« compagnie de grenadiers du 86ᵉ régiment de
« Sa Majesté, et par celle des grenadiers du 6ᵉ
« régiment de cipayes de Madras, aussitôt que le
« pavillon britannique aura remplacé le pavillon
« français.

« Tous les honneurs de la guerre seront ac-
« cordés aux troupes de ligne et à la garde natio-
« nale. Elles sortiront de la ville avec armes et
« bagages, tambours battant, mèche allumée,
« avec l'artillerie de campagne, et elles déposeront
« leurs armes sur le front de la batterie impériale
« faisant face à la mer. Les troupes de ligne se
« rendront prisonnières de guerre et seront em-
« barquées comme telles pour le cap de Bonne-
« Espérance ou pour l'Angleterre.

« En considération des qualités distinguées du
« colonel Sainte-Suzanne et de ses officiers, et
« de leur brillante défense, les officiers de tous
« rangs conserveront leurs épées et leurs déco-
« rations militaires ; ils se rendront aussi prison-
« niers et seront embarqués pour le Cap ou pour
« l'Angleterre. — Le colonel Sainte-Suzanne don-

« nera sa parole d'honneur de ne point servir pen-
« dant la présente guerre jusqu'à ce qu'il soit ré-
« gulièrement échangé et il lui sera accordé, ainsi
« qu'à sa famille, un passage pour l'île de France
« ou pour la France.

« Les honneurs funèbres seront rendus, selon
« leur rang, aux officiers français qui ont péri
« dans le combat.

« On dressera un inventaire de toutes les pro-
« priétés généralement quelconques, appartenant à
« l'Etat, qui sera délivré à la personne que le gou-
« vernement anglais nommera à cet effet.

« Toutes les munitions de guerre, magasins et
« provisions, chartes, plans et archives sont com-
« pris dans cet article.

« Les lois, coutumes et religion des habitants
« ainsi que leurs propriétés particulières, de quel-
« que espèce qu'elles soient, seront respectées et
« garanties.

« Fait à Saint-Denis, le 8 juillet 1810, à 6 heures.

« R. T. Farquar.
« H. S. Keating.
« J. Rowley — Sainte-Suzanne. »

Les commandants se retirent ensuite chacun dans leurs postes respectifs.

Cette capitulation fut exécutée ; elle était aussi favorable qu'on pouvait l'espérer.

Le moniteur du 20 octobre 1810, en rendant compte de ces événements, s'exprimait ainsi :

« Le colonel Sainte-Suzanne, commandant l'île
« Bonaparte, a été attaqué le 7 juillet par 6,000
« hommes débarqués sur deux points. Privé de
« toute communication avec l'île de France, il a
« résisté aussi longtemps que l'énorme dispropor-
« tion des forces le lui permettait. Sa capitulation
« est honorable. »

Le manuscrit Laprade relate que le lendemain 9 juillet, vers les 10 heures du matin, le pavillon anglais fut arboré à la batterie impériale ; ce fut M. Dausserre, capitaine de port, qui vint lui en donner l'ordre de la part du colonel Sainte-Suzanne.

Il reçut aussi ordre de faire rassembler les canonniers et les ouvriers d'artillerie pour se rendre, à 11 heures, sur la place, avec armes et bagages, et deux pièces de campagne.

Toutes les troupes de la garnison, et les gardes nationaux, réunis sur la place d'armes, défilèrent vers midi, et se rendirent sur le revers de la batterie impériale où ils déposèrent les armes. Aussitôt les troupes de ligne furent conduites par les troupes anglaises au bord de la mer, et embarquées. Les gardes nationales et les gardes mobiles furent renvoyés chez eux.

A midi et demi, une compagnie de grenadiers, une de cipayes et un officier supérieur à leur tête, prirent possession du parc d'artillerie... Là s'arrête le document.

Nous avons raconté les événements accomplis dans les journées des 7 et 8 juillet 1810 avec la plus complète impartialité. Notre sentiment, basé sur les légendes contradictoires que nous avons recueillies, n'établit aucune complicité matérielle des habitants du pays avec nos envahisseurs. S'il y eut quelques personnes isolées, et en petit nombre, heureuses du succès des Anglais, succès donnant satisfaction à leurs opinions, dans la pensée de voir un autre système politique remplacer celui du gouvernement impérial, la grande majorité des habitants de la colonie accueillit avec désespoir la venue des Anglais dans le pays. Il s'y passa malheureusement ce que l'on vit en France dans les provinces de l'Ouest en 1814, 1815 et 1871 : quelques-uns accueillirent avec joie l'arrivée des étrangers parmi nous parce qu'elle leur donnait l'espérance de voir substituer un autre gouvernement à celui qui n'était pas de leur choix.

Je suis heureux de pouvoir constater qu'il n'y eut aucune trahison manifeste dans ces temps calamiteux ; la tradition est positive sur ce point. De combien de faits semblables n'avons-nous pas été témoins dans les néfastes années de 1870 et de 1871 ? pourrait-on, cependant, nommer tels ou tels qui aient livré une ville ou un département ?

Le colonel Sainte-Suzanne, abandonné du capitaine général Decaen, comme celui-ci l'était du gouvernement impérial, dut céder devant le nombre.

En venant prendre dans des circonstances aussi critiques le commandement de l'île Bonaparte, il faisait acte d'abnégation et de dévouement. Il était évident que nous ne pouvions pas tarder à succomber soit par le fait des armes, soit par la famine ; car le blocus étroit, qui enserrait l'île, ne permettait à aucun approvisionnement d'arriver jusqu'à nous ; on eut le spectacle affligeant de voir des malheureux créoles se nourrir du chou de fangean. Comme l'on sait, à cette époque, comme aujourd'hui, quoique un peu moins cependant, la colonie s'approvisionnait au dehors de tous les objets de première nécessité.

Le colonel Sainte-Suzanne ne put que se mouvoir au milieu des difficultés sans nombre, et faire l'impossible du 9 octobre 1809, jour de la prise de possession de son gouvernement, au 9 juillet 1810.

A partir de cette époque, la colonie reprit son nom d'île Bourbon qu'elle a porté jusqu'en 1848.

Deux monuments commémoratifs sont élevés sur la plaine de la Redoute : l'un pendant l'occupation anglaise, en l'honneur des soldats de cette nation, tués dans le combat.

Sur la face sud de ce dernier on lit ce qui suit :

« Near this spot are also interred the remains

of those brave soldiers of his majesty, Eigty sixth Regiment who likwise fell on the same glorious occasion. »

Sur celle nord :

« Sacred to the memory of lieutenant John Graham Munro of his britannic majesty 86ᵉ Grenadiers who fell near this spot white charging the ennemy on the 8 July 1810, aged 22 years.

This tomb is erected by his brother, officiers, an testimony of their esteem and regard. »

L'autre monument élevé en l'honneur des combattants créoles tués, et dû à l'initiative de M. Delon père, dragon de la compagnie du capitaine Houbert, fut construit longtemps après sur l'éminence qui domine cette plaine en venant de Saint-Denis ; il ne porte aucune inscription.

Pourquoi les noms de Amédée Patu de Rosemont, de Gilet et autres, ne s'y trouvent pas ? cette inscription serait au moins un tardif souvenir donné à ces généreuses victimes du combat de la *Redoute*.

OCCUPATION ANGLAISE

RÉTROCESSION

1814

La brigade du lieutenant colonel Fraser resta à Saint-Denis ; celle du lieutenant colonel Campbell fut dirigée sur Saint-Paul.

« Le lieutenant colonel Keating, nommé gou-
« verneur général de l'Inde, lieutenant gouverneur
« de Bourbon et commandant des troupes, fut
« immédiatement investi de ces doubles fonc-
« tions.

« Le gouverneur Farquhar adresse le 9 juillet
« une proclamation aux habitants ; elle était peu
« explicite, et annonçait seulement qu'il ferait
« connaître ultérieurement le mode d'après lequel
« l'administration de l'île serait établie.

« Une nouvelle proclamation fut en effet publiée le 18. Elle portait entre autres dispositions,
celles qui suivent :

« Tous les établissements ecclésiastiques et les
personnes qui remplissent des fonctions religieuses
seront conservés sous le gouvernement britan-

nique, sous les mêmes lois et règlements qui existaient en cette île lors de sa reddition.

« Tous les établissements, tant judiciaires que de police, seront également conservés et continués *durante bene placito*, sous le gouvernement anglais, sur les mêmes bases et d'après les mêmes règlements qui existaient lors de la reddition de cette île, sauf toutefois les modifications suivantes : tous les jugements seront rendus au nom de Sa Majesté Britannique aux Indes-Orientales . . .

. . . .

. . . .

Le gouvernement nommera, si besoin est, aux divers emplois, en choisissant les personnes dont les mœurs, les talents et la fidélité seront plus particulièrement connus. »

La division de l'île fut arrêtée à cette époque ; l'ordre était ainsi conçu :

« L'île Bourbon est divisée en deux districts. Le premier contient tout le pays situé entre la Grande-Chaloupe et le Grand-Pays-Brûlé inclusivement. Saint-Denis en est le chef-lieu et sera la résidence du gouverneur.

« Le second district renferme toutes les terres entre la Petite-Chaloupe et la ravine du Tremblay en y comprenant ces points. Saint-Paul en est le chef-lieu et le lieutenant gouverneur y a fixé son domicile. Le district de Saint-Denis est désigné sous le nom de district du Nord-Est ; celui de

Saint-Paul sous le nom de district de Sud-Ouest. »

« L'administration anglaise déploya dans le principe quelque activité, et prit plusieurs mesures d'ordre public, entre autres régla la police du marronage en s'en référant aux lois en vigueur dans la colonie, etc.

« Le 17 août, un aviso arrivant de l'île de France, apporta la nouvelle que le 13, l'île de la Passe était tombée au pouvoir des Anglais. Cette nouvelle, qui fut accueillie avec joie par les autorités britanniques, jeta la consternation parmi les habitants dont le cœur, toujours français, souffrait impatiemment la domination de la nation anglaise.

« Deux comités furent convoqués, à Saint-Denis et à Saint-Paul, pour vérifier et constater les pertes éprouvées par les habitants pendant les dernières hostilités, afin d'établir des compensations.

« Chaque comité était composé d'un officier major, de deux capitaines et de deux habitants.

« Les réclamations furent examinées avec sévérité, et peu d'entre elles furent admises.

« Ce qui prouve qu'à cette triste époque la domination anglaise n'avait pas été accueillie avec joie, par les habitants de Bourbon, ainsi qu'on s'est efforcé souvent de le donner à penser, c'est une proclamation du gouverneur Farquhar, en date du 22 septembre 1810, et qui commençait ainsi :

« Pendant que les Anglais, par un gouvernement doux, libéral et paternel, désirent gagner l'affection des habitants de Bourbon, il lui est également imposé un devoir, non moins sacré pour le bonheur général de la colonie : c'est de punir ceux qui abusent de sa bonté, en outrageant les lois et en fomentant des mécontentements et des séditions parmi les habitants paisibles. Le principal objet, et, pour ainsi dire, le seul, est un grand exemple contre ceux qui tiennent une semblable conduite. *C'est être vertueux* dans de pareilles circonstances, que d'infliger la punition qu'elle mérite.

« Le gouverneur ayant une connaissance certaine que quelques particuliers ont correspondu avec *l'ennemi*, pendant qu'il croisait dans la partie du Vent, au mépris du serment de soumission et d'obéissance qu'ils ont prêté à S. M. Britannique, rappelle aux habitants qu'ils devraient savoir que c'est un des plus grands crimes dont ils puissent se rendre coupables, et que, chez toutes les nations, il est puni de mort.

« En conséquence, toutes les personnes qui seront convaincues d'avoir entretenu des correspondances, directement ou indirectement, et de *telle manière que ce soit*, avec l'ennemi, *seront punies de mort sur-le-champ* ; et si des esclaves étaient employés dans une rébellion, les maîtres en seraient responsables vis-à-vis du gouvernement . . . »

Certes, une proclamation conçue en de pareils termes, dénote de réelles inquiétudes de la part du nouveau pouvoir, et l'on peut en conclure que les sympathies du pays n'étaient pas très prononcées en faveur du pavillon britannique.

« Le 10 décembre, le vaisseau anglais, le *Lord Minto*, arriva de l'île de France, annonçant la prise de cette colonie.

« Le 19, le colonel H. S. Keating vint prendre les rênes du gouvernement de Bourbon.

« Un de ses premiers actes fut de constituer dans les communes de l'île, un *conseil de direction communale.* »

Nous n'avons pas la prétention de faire l'histoire de l'occupation anglaise dans l'île, pour deux raisons : la première, c'est que l'absence complète de documents ne nous le permettrait pas et qu'ensuite nous dépasserions le cadre de ce chapitre dans lequel nous n'avons voulu que faire le récit de quelques événements qui se rattachent directement à la prise de l'île.

« Le 14 juin, le gouvernement fit publier la liste des personnes qui n'avaient point prêté le serment d'allégeance, et demandé à passer sur le premier cartel en France. Cette liste portait les noms suivants :

MM. Laurent Gamin, habitant de Saint-Denis.
Joseph Huet.
Prévert.

MM. Antoine Dusay.
Lionnet, sous-lieutenant au régiment de l'île de France.
J. B. Antoine Barquisseau fils, habitant de Saint-Denis.
Lahuppe.
Jacques-Joseph Brunet fils, horloger, de Saint-Denis.
Jacques-Sully Brunet fils, étudiant en droit, de Saint-Denis.
Laroche Hoareau, officier de santé.
Antoine Potin, habitant de Saint-Pierre.
Henry Payet fils, id.
Jean-Louis Poix, id.
Jacques-Vincent Payet, id.
Henry Hoareau, fils de Basile, id.
Demoiselle Alexis Hoareau, id.
Jean-Elie Fontaine, habitant de Saint-Pierre.
Jean-Mic Potin, id.
Isidore Hoareau, id.
Henri-Stanislas Payet, id.
Delval père, habitant de Saint-Denis.
Vital Delval fils, id.
Médard Delval, id.
Docité Delval fils, id.
Donnat Delval fils, id.
Bellier, officier à Sainte-Suzanne.
Pierre-Ovide Hoareau.
Louis Loupy fils, étudiant en droit.

MM. Pierre Loupy fils, pharmacien.
Marey Loupy, habitant.
Antoine Desmur, vétéran, et sa femme, créole de Saint-Domingue.
Armand Clérensac, aspirant de marine.
Pierre Aurel, habitant de Saint-Denis.
Furcy Maugueret.
Joseph Allier, habitant de Saint-Louis.
Bazire, habitant de Saint-Denis.
Lagourgue, officier de Saint-Denis.
Thomas Biberon, capitaine de marine marchande.
Louis Dufay père.
Jean-Antoine Dufay fils.
Julien Wilmain.
Olliner, habitant de Saint-Louis.
Bertrand, négociant de Saint-Denis.
Porel, chasseur du régiment de l'île de France.
Bernard Mayer, id.
Barron, tambour, id.
L'enfant de Bernard Mayer, id.
André Cantenay, gardien d'artillerie.
Enant Figaray.
Léonard Robert.
Pierre Ganofsky, de Saint-Denis.
Broume.
Jean-Benoit Repton, officier de Saint-Denis.

MM. Gabriel Bourdier, âgé de 14 ans, fils de M. Bourdier, capitaine de génie, décédé le 9 avril.

Louis Maugueret, de Saint-Denis.

Pierre-Louis Duranger, id.

Philippe Brannellée, id.

Royer, sergent-major d'artillerie.

Maugueret père et son fils.

Jean-Baptiste Nelson, âgé de 6 ans.

Henri-Mathurin Erdeven, capitaine d'artillerie de la garde nationale.

L. Gérard, sous-commissaire de marine, et son fils âgé de 12 ans.

Louis Lenoir, inspecteur des douanes, de Saint-Denis.

Jean-Marie-Auguste Gérault fils, de Saint-Denis.

L. A. Leclerc, régisseur au Bras-Panon.

Dros, officier de santé.

E. Pongérard, de Saint-Denis.

Joseph Pongérard, id.

Beaulieu id, sa femme et ses trois enfants, de Saint-Denis.

Etienne Renoy, soldat.

Antoine-Féréol Selhausen, habitant de Saint-Denis.

Pierre-Adolphe Selhausen, habitant de Saint-Denis.

H.-B. Welmant, de Saint-Louis.

MM. Vilfranc Welmant.
André Welmant.
Mével, chez M. Tombel, habitant de Saint-Gilles.
Elie Payet.
Joseph Bonnin, de Saint-Benoît. •
Volpesnil Bonnin, de Saint-Benoît.
Pierre-Aurélien Hoareau, de Saint-Denis.
Pierre-Jean Stéphant, garde du capitaine-général Decaen.
Xavier Notaise, officier de Sainte-Suzanne.
Auber, de Saint-Denis.
Civil Martineau.
Martineau.
M. Picard, de Saint-Denis.
S. Notaise.
Bertin fils.
C. Boyer, instituteur, de Saint-Denis.
Etienne-Charles Moynet, de Saint-Benoît.
C.-A. Aymonin.
Henry-Etienne Frippier, instituteur à Saint-Denis.
Jean-Payet, chasseur du régiment de l'île de France.
Malo Savariot, Guildivier, de Saint-Denis.
Pierre-Daniel Payet, habitant de Saint-Pierre.
V. Orter Payet, habitant de Saint-Pierre.

MM. Edmond Payet, habitant de Saint-Pierre.
Henry-Paulin Payet, habitant de Saint-Pierre.
Louis Sanglier, habitant de Sant-Benoît.
Jean-Marie, habitant de Saint-Paul.
Stéphant fils, habitant de Saint-Paul.
Louis Gendron, habitant de Saint-Paul.
Paul-Julien Stéphant, garde du capitaine-général Decaen.
Augustin Maniquet, professeur de mathématiques; Louise Perrière, sa femme, créole; Auguste, son fils; Mélanie, Eline, Julie, Virginie, ses filles.
Philippe-François Gibieuf, de Sainte-Marie.
Constant Roux, habitant de Sainte-Marie.
François-Frédéric Rosmond fils, de Saint-Joseph.
Prospère fils, de Saint-Joseph.
André Cantenet, artilleur.
Louis Huttemin, habitant de Sainte-Suzanne.
Pinard neveu, chirurgien.
Louis Finodo, habitant de Saint-Paul.

« Le parlementaire le *Thomas*, qui avait pris une partie de ces passagers, partit le 9 juillet pour l'île de France, et le 16 il passa devant la rade de Saint-Denis, faisant route pour l'Europe.

« Le parlementaire l'*Elisa* partit dans le courant du mois d'août suivant, avec une destination semblable.

« Plusieurs autres personnes, qui n'avaient pas non plus consenti à prêter le serment d'allégeance, mais que des affaires retenaient dans la colonie, obtinrent des délais pour effectuer leur départ, les unes aux frais du gouvernement, les autres à leurs propres frais.

Voici la liste de ces personnes :

MM. Autun, de Saint-Paul.
    Fabry, de Saint-Paul.
    Lecarour, de Saint-Paul.
    Launé, de Saint-Paul.
    Petitpas, officier de la garde nationale, et sa famille, de Saint-Denis.
    Campenon (Edme).
    Leblanc, de Saint-Paul.
    Petit (Julien), de Saint-Paul.
    Bellier (Féréol), de Sainte-Suzanne.
    Lépervanche aîné, de Sainte-Suzanne.
    Perrier Desbains.
    Capedor (Joseph).
    Périchon de Beauplan.
    Chappe.
    Patu.
    Frippier.
    Burgala, de Sainte-Marie.
    Pignolet (Gaye), de Saint-André.
    Galteau, de Saint-Joseph.
    Rivière (André, de Saint-Joseph.

MM. Guénant, prisonnier de guerre.
   Tiers, prisonnier de guerre.
   Bouvet (Thomas), marchand de Saint-Denis.
   Fitau, de Saint-Paul.
   Destouches-Dupleix.
   Jallot (Etienne).
   Delaville, négociant à Saint-Denis.
   Jacques (Henry-Marie).

« Un comité fut nommé plus tard pour déterminer finalement le nombre des personnes qui, par suite de la capitulation de l'île de France, avaient droit à leur passage pour la France.

« La liste formée à effet, le 26 août, comprenait tous les fonctionnaires civils et militaires en activité de service au moment de la prise de l'île, ainsi que leurs familles. »

Une révolte de noirs eut lieu à Saint-Leu pendant l'occupation anglaise (novembre 1811).

Chacun connaît ou devrait connaître les événements qui ont bouleversé le monde politique en Europe, et ont ramené les Bourbons sur le trône de France. L'une des conditions de la paix signée à Paris le 30 mai 1814 (art. 8) stipulait la restitution de la colonie à la France.

Nous terminerons ce chapitre en rappelant quelques dispositions préliminaires à cette restitution.

Le comte Bouvet de Lozier maréchal de camp fut nommé par Louis XVIII, commandant-gouverneur, et M. Marchant, commissaire-ordonnateur de l'île.

Par décisions royales des 21 et 27 juillet 1814, il avait été ordonné que les choses seraient rétablies dans la colonie relativement aux services et à l'administration sur le pied où elles étaient en 1789. Quatre des principaux habitants et quatre des principaux négociants étaient appelés pour concourir à l'établissement et à la répartition des impôts.

Ce ne fut que le 8 juillet 1815 que les mairies ainsi qu'une organisation municipale furent établies dans toutes les communes de l'île.

Une division, sous les ordres de M. le capitaine de vaisseau Jurien, fut chargée de porter le personnel de l'administration française à Bourbon.

La reprise de possession de l'île eut lieu le 6 avril 1815.

Ce même jour, MM. Bouvet et Marchant adressèrent une proclamation aux colons. Bien que cette proclamation ainsi que l'acte de remise de l'île à la France, soient tout au long dans l'ouvrage de Voïart où nous avons souvent puisé à pleines mains, nous les reproduisons ici pour compléter notre dernier chapitre.

« Habitants de Bourbon,

« Le Roi nous a nommés pour reprendre possession de cette île que le malheur des temps avait séparée de la France, et pour reporter parmi vous ce pavillon sans tache, symbole de justice, à la vue duquel l'Europe entière en armes a cessé de combattre, à l'ombre duquel on a vu croître et prospérer cette belle colonie !

« Sous l'autorité de son légitime souverain, la France n'a plus d'ennemis ; ses anciens rivaux sont devenus ses amis les plus sincères ; l'accueil fait au pavillon français, lors de notre passage au Cap, celui qu'il vient d'éprouver à son arrivée dans ces mers, sont des nouvelles preuves des sentiments qui animent la France et l'Angleterre.

« Ils sont garants de l'harmonie parfaite qui existera désormais entre les représentants et les autres sujets de Leurs Majestés très chrétienne et Britannique dans cette partie du monde.

« Il était impossible que les longues et cruelles convulsions qui ont agité la France ne laissassent aucune trace après elles : nous avons à regretter la perte de l'île de France ! Les relations entre les deux colonies ne seront plus parfaitement les mêmes, mais seront aussi intimes que celles qui unissent les deux gouvernements.

« Bourbon, devenu le point intermédiaire des rapports commerciaux entre la France et les Indes, acquiert aujourd'hui une plus grande importance : sous ce nouvel aspect le gouvernement a connu ses besoins, il y a pourvu dans sa sagesse.

« Vous aussi, sujets éloignés mais non moins

chéris de Louis le Désiré, vous jouirez donc de nouveau du bonheur qui, sous les lois des Bourbons, fut constamment notre partage.

« Habitants de Bourbon, officiers, soldats, dans ce jour solennel qui nous rappelle d'aussi grands souvenirs, jurons d'être à jamais fidèles au Roi sous le sceptre duquel nous sommes tous enfin réunis après tant d'orages, et remercions le Dieu des armées d'avoir rendu à l'Europe la paix, à la France son roi légitime, à Bourbon son maître et ses lois !

« Vive le Roi ! »

Un arrêté, portant la date du 6 avril, fut rendu pour régler l'organisation provisoire de la colonie. Le même jour, à 9 heures du matin, fut signé l'acte de remise de l'île Bourbon à la France. Cet acte est ainsi conçu :

« *Athanase-Hyacinthe Bouvet de Lozier*, maréchal des camps et armées du Roi, chevalier de l'ordre royal et militaire de Saint-Louis et de la Légion d'honneur, etc., etc ;

« Et *J. H. B. Marchant*, chef d'administration, ordonnateur de Bourbon, chevalier de la Légion d'honneur ;

« Commissaires nommés et autorisés par Sa Majesté très chrétienne le roi de France et de Navarre, pour recevoir la colonie de Bourbon, conformément au huitième article du traité définitif de paix, daté du 30 mai 1814; de la part de Sa Majesté très chrétienne;

« Et Messieurs

« *Charles Telfair*, écuyer, faisant les fonctions de secrétaire principal du gouvernement de l'île de France et de Bourbon;

« Le major *Fluker*, du régiment de Bourbon appartenant à Sa Majesté Britannique à l'île de France;

« *Edward Allured Draper*, écuyer, secrétaire du gouvernement pour les affaires de Bourbon;

« Le major *William Carrol*, inspecteur colonial des troupes coloniales pour les îles de France et de Bourbon, aide de camp et secrétaire particulier de Son Excellence le Gouverneur;

« Délégués et appointés par M. le gouverneur *Robert Townsend Farquhar*, commandant en chef des îles de France et de Bourbon, capitaine général et vice-amiral, etc., etc., pour agir comme représentants de Son Excellence et comme commissaires pour la remise de Bourbon, de la part de Sa Majesté Britannique;

« Les commissaires ci-dessus dénommés, après avoir dûment examiné et échangé leurs pleins-pouvoirs, ont procédé à mettre en exécution les ordres de leurs gouvernements respectifs, comme suit:

« Aujourd'hui, 6 avril mil huit cent quinze, à neuf heures du matin, en présence des troupes françaises et anglaises et des habitants de l'île, assemblés sur la place d'armes de Saint-Denis, la principale ville de la colonie,

« Son Excellence le gouverneur Farquhar, par l'organe de ses représentants, Charles Telfair, écuyer, le major Fluker, Edward Allured Draper, écuyer, le major William Carrol, a proclamé la remise de l'île de Bourbon, rendu ladite île, au nom de Sa Majesté Britannique, à Messieurs le général Bouvet de Lozier et Marchant, commissaires de Sa Majesté très chrétienne, et relevé les habitants de la colonie de Bourbon des serments d'allégeance et de fidélité qu'ils avaient prêtés à Sa Majesté le Roi des Royaumes-Unis de la Grande-Bretagne et d'Irlande, etc., etc.

« Le pavillon de Sa Majesté Britannique, après avoir été salué de vingt-un coups de canon des batteries de terre, de l'*Africaine,* frégate de Sa Majesté très chrétienne, et des autres bâtiments dans la rade de Saint-Denis, a été ramené et remis aux soins d'un détachement de troupes de Sa Majesté Britannique, qui avait assisté à la cérémonie. Le pavillon français a été immédiatement hissé aux acclamations réitérées de *Vive le Roi! Vivent les Bourbons!* il a été salué d'un même nombre de coups de canon.

« La proclamation des commissaires de Sa Majesté très chrétienne a alors été publiée, et des officiers ont été nommés par les commissaires de

Sa Majesté Britannique, pour recevoir et délivrer les fortifications, les établissements civils et militaires de l'île Bourbon, comme aussi les archives, cartes, plans et autres documents appartenant à la colonie de Bourbon, ou relatifs à son administration, desquels objets il sera fait des inventaires généraux, conformément aux stipulations du septième article du traité définitif ci-dessus mentionné, et qui demeureront annexés aux présentes.

« En conséquence, les commissaires de Sa Majesté très chrétienne reconnaissent et déclarent avoir pris possession des divers établissements civils et militaires, et de l'île de Bourbon, au nom du Roi leur maître.

« Et les ci-dessus dénommés, commissaires délégués par son Excellence le gouverneur Farquhar, ayant remis l'île de Bourbon et les fortifications, déclarent qu'ils les ont en effet remises et délivrées.

« En foi de quoi les commissaires de Sa Majesté Britannique ont ici mis et apposé leur signature et le cachet de leurs armes, le sixième jour d'avril mil huit cent quinze.

« Signé : de Bouvet, Marchant, Charles Telfair, E. J. Fluker, E. A. Draper, W. Carrol. »

Nous terminons ce chapitre renfermant le récit de cette triste époque où nous avons subi la famine, la guerre et la domination étrangère.

Dieu veuille que la colonie ne soit plus lancée dans des aventures pareilles à celle de ces jours néfastes, et qu'elle ne soit plus le jouet des événements politiques impossibles à conjurer par elle sinon avec le secours effectif de la mère patrie.

TUMULUS DES TROIS ROCHES

LA traite des noirs avait été un moyen de coloniser Bourbon, un mode primitif d'organisation du travail agricole dans la colonie.

Avant que l'immigration avec toutes ses garanranties protectrices de la liberté personnelle, et des prescriptions un peu trop tracassières, ne fût établie dans le pays, il était indispensable d'aviser à un moyen de pourvoir l'île d'une population de travailleurs pour cultiver les terres alors en friche. Aussi par plusieurs ordonnances royales ce mode de recrutement fut réglementé, encouragé ; les navires de la compagnie des Indes et autres furent autorisés à aller chercher des esclaves à Madagascar et sur la côte orientale d'Afrique ; les esclaves portés à Bourbon étaient vendus à l'encan, ou distribués, avec paiement, aux habitants suivant un mode de répartition où la faveur devait avoir quelquefois part.

La traite fut abolie par un décret de la Convention nationale du 16 pluviôse an 11 (1794), et rétablie peu de temps après par un sénatus-consulte de Napoléon 1er.

Un noir jeune et valide était vendu 300 à 350 piastres (1500 à 1750 francs); une négresse de 200 à 250 piastres, sauf les sujets de *distinction* dont le prix variait suivant le caprice et la fortune de l'acheteur.

Madagascar et l'Afrique n'étaient pas les seuls pays où se pratiquait la traite ; quelquefois la Malaisie et l'Inde contribuaient aussi à l'approvisionnement des travailleurs de la colonie.

Suivant une ordonnance royale du 8 janvier 1817 qui fut le résultat du congrès de Vérone et des exigences du cabinet de Saint-James la traite fut interdite.

Cette ordonnance de janvier 1817, publiée à Bourbon le 26 juillet de la même année, édicte des peines sévères contre ceux qui continuaient ce genre de commerce si contraire à la morale et à l'humanité.

Enfin un traité intervenu le 30 novembre 1831 entre la France et l'Angleterre, représentées par le général Sébastiani et Lord Granville, interdit définitivement cet odieux trafic.

Néanmoins, quelquefois, par fraude, et un peu par tolérance administrative, quelques recrutements d'esclaves passaient à travers les filets chargés de les empêcher d'arriver jusqu'à nous.

Depuis longtemps, cet état de choses n'existe plus, dieu merci, dans la colonie.

L'émancipation du 20 décembre 1848 fit disparaître à jamais l'esclavage ; cette institution, de nécessaire qu'elle était au début de la colonisation du pays, était devenue de nos jours, une injure à la société moderne, une souillure que la civilisation devait rejeter à jamais de notre colonie éminemment française et libérale.

L'un de ces convois venus de la Malaisie, non autorisé, mais peut-être un peu toléré, arriva à Bourbon en 1828.

Vers le commencement de 1829, dans les hauts de Saint-Gilles, venait de se former un établissement de sucrerie faisant partie aujourd'hui du domaine de l'Olivier, avec un moulin à *manège* mu par des animaux ; ce mode d'exploitation bien primitif, abandonné depuis longtemps, était alors un progrès ; les cylindres avaient remplacé le *flangourin*, gros rouleau formé d'une pièce de bois qui, au moyen d'un va-et-vient actionné à la main, écrasait la canne, et permettait d'extraire le jus de ce roseau ; le borer était inconnu sur notre sol ; la terre vierge produisait facilement, sans ces stimulants chimiques de fabrique coloniale, et ces autres condiments apportés à grands frais des îles Chinchas.

Le propriétaire de l'établissement sur lequel se passe le drame dont nous allons raconter les émouvantes péripéties, avait fait l'acquisition de plusieurs sujets de la cargaison arrivée de la côte malaise.

Dans *la bande* achetée se trouvait un individu de cette race, et ses deux enfants en bas âge ; ce malais de mauvaise mine, taciturne, à l'œil fauve, aux cheveux durs et hérissés, peu docile aux moindres ordres du commandeur, ce type peu sympathique à la première vue, portait sur l'établissement le nom de : *Mongou* dit *Kaïtane*. L'on faisait sur son compte bien des récits ; les uns disaient que c'était un mauvais sujet de la race des étrangleurs ; d'autres racontaient qu'il était le fils de l'un de ces petits roitelets de la Malaisie, qu'il avait essayé de hâter le moment de succéder à son père ; que celui-ci avait été bien aise de s'en débarrasser et même avait contribué à le faire comprendre dans le convoi destiné à l'éloigner du pays, afin de mettre son trône de bambou à l'abri de toute nouvelle tentative d'ambition de ce dauphin trop impatient de faire le bonheur de ses sujets en *cabaye*.

En résumé, Mongou était un homme dangereux que l'on aurait dû renvoyer au lieu qui l'avait vu naître, ou surveiller de plus près.

Dans une modeste maison bâtie à la hâte, fermée avec des volets peu solides, vivait une famille composée de quatre personnes : la mère du père de famille, ce dernier et sa femme, âgée de 20 ans, qui allaitait un enfant de quelques mois ; une servante était le seul personnel domestique du ménage. Un matin, le maître de la maison se disposait à aller diriger le travail de ses champs, et à activer le lever de la bande, en ce moment, sourde à la voix du commandeur ; la jeune mère était occupée aux soins du ménage, lorsque Juliette, la servante, affolée, arrive en criant de fermer bien vite les portes et les fenêtres de la maison.

Que se passait-il ?

Un drame affreux et des plus lugubres s'accomplissait dans la cour de l'établissement : Mongou, sous le prétexte qu'il était victime d'une injustice à lui faite par le commandeur Etienne, après avoir fumé de l'*Amale* pour se monter la tête, et s'être armé de deux couteaux, avait égorgé ses deux petits enfants ; après cet horrible sacrifice, ivre de sang et de rage, il s'élance dans l'établissement semant la terreur sur son passage, renversant tout ce qui s'oppose à sa course furibonde vers la maison du propriétaire qui connaissait à peine le meurtrier nouvellement arrivé chez lui.

Un ouvrier dévoué, Yvon Crescence, en lui barrant le passage, reçoit en pleine poitrine un coup de couteau qui l'étend aux pieds de l'assassin. Pendant ce temps, le maître de la maison avait fermé toutes ses portes et fenêtres tenant à la main les crochets de la porte principale mal assujettie, vers laquelle se dirigeait Mongou. Là, un drame des plus émouvants, dont les suites devaient être fatales, se préparait entre le maître non armé, cherchant à abriter sa famille, et un forcené ayant en main une arme dirigée par la démence.

Cette lutte d'un instant qui fut d'un siècle pour les assistants, est inénarrable.

La mère portant dans les bras son jeune enfant, le mari tenant à la main les crochets d'une faible porte qui devait inévitablement céder sous les efforts de ce misérable.

A ce moment suprême, un noir, cafre, du nom de Charlot, n'écoutant que son dévouement, et s'armant d'un morceau de *barre* de *moulin*, s'approche de l'assassin, et lui décharge sur la tête un coup qui lui fait lâcher prise, et l'étend raide mort à la porte de la maison qu'il devait forcer.

La police appelée, les constatations légales faites, le tué est porté et enterré dans le lieu que nous allons décrire, que chacun dans la localité connaît sans se bien rendre compte de l'événement arrivé, et de la cause pour laquelle un tertre est élevé dans cet endroit.

Tel est ce drame, et voici la légende :

Il y a à Saint-Paul et dans les hauts de la propriété du Grand-Fond, un peu au-dessous de la sortie du rocher du canal Laffon Troussail, à quelques pas de l'ancien chemin Saint-Gilles-les-bains, un tumulus formé de petites pierres amoncelées depuis quarante-neuf ans. Cet exhaussement est situé sur le bord du beau bassin du Cormoran ombragé de grands cocotiers, bassin placé dans la position la plus pittoresque et que le touriste ne voit jamais sans être frappé d'admiration. Ce tumulus, en forme de pyramide microscopique, haut de 5 à 6 mètres, est le vestige qui reste de l'affreux drame que nous venons de raconter.

Chaque passant y jette une petite pierre en signe de mépris, comme il dépose religieusement la branche de feuillage vert sur le lieu de repos qu'il veut vénérer. La tradition a conservé jusqu'à ce jour cet usage. Le noir ne manque jamais d'accompagner son jet de pierre d'un juron formidable à l'adresse de Mongou dont il ne connaît pas l'histoire, mais que la légende l'oblige à injurier, et dont il augmente le tombeau de sa pierre lancée.

TÉLÉGRAPHE ÉLECTRIQUE

TOUT VIENT A POINT A QUI SAIT ATTENDRE

Ce chapitre est consacré à l'histoire du télégraphe électrique, à la Réunion. Le lecteur y apprendra quelles difficultés, jusqu'à ce jour ignorées, l'installation de cette œuvre a éprouvées à ses débuts.

Nous ne sommes pas bien éloignés de cette époque, et cependant qui, aujourd'hui, ne sera pas surpris de savoir qu'avant l'établissement du télégraphe, de Saint-Denis à Saint-Pierre, il fallait, dans les temps ordinaires, en ne comptant pas les interruptions assez fréquentes, cinq jours pour obtenir la réponse d'une lettre écrite de l'un de ces deux quartiers à l'autre ?

Voici ce détail qui pourrait paraître futile, mais que nous donnons pour faire mieux apprécier l'œuvre de progrès introduite chez nous depuis 1870 :

Jour où la lettre est écrite. 1
Trajet de Saint-Denis, arrivée à Saint-Pierre après la fermeture règlementaire des bureaux. 1
Réponse à la lettre 1
Départ de Saint-Pierre pour Saint-Denis, et arrivée après la fermeture du bureau. . . 1
Remise de la lettre au domicile le cinquième jour. 1

Total : Cinq jours. 5

Cela ne paraît pas croyable aujourd'hui, car on oublie vite les temps passés, et cependant c'était la triste et ennuyeuse vérité.

J'entrepris de faire cesser cet état de choses, et de créer l'œuvre dont nous allons raconter toutes les fatigantes péripéties :

Voici à quelle occasion me vint l'idée d'installer un télégraphe à la Réunion.

En novembre 1861, j'étais à Rome. Après avoir visité les splendides monuments de la ville éternelle, le Forum aux grands souvenirs, le dôme de Saint-Pierre dont les gigantesques proportions confondent l'imagination la plus hardie ; sa coupole, image du Panthéon d'Agrippa que l'immortel Michel-Ange, comme il le disait dans sa pittoresque expression, jetait dans les airs à 150 mètres, pour narguer ainsi les architectes du règne d'Auguste, et constater la supériorité du génie chrétien sur le génie païen, je me disposais à quitter la grande ville lorsque j'appris qu'une cérémonie religieuse se préparait dans la basilique de Saint-Pierre pour célébrer la béatification du bienheureux Petrus Léonardi, missionnaire mort au siècle dernier empalé dans le Céleste-Empire.

Je voulais prolonger mon séjour à Rome ; en voyage la question argent domine tout ; comment faire ? mon itinéraire étant dépassé, il fallait, ou demander à Paris les moyens d'y rester plus longtemps, ou renoncer à voir la cathédrale de Saint-Pierre dans toute son éblouissante splendeur nocturne. Je ne songeais pas à la correspondance rapide qui pouvait me tirer sur l'heure d'embarras, lorsque me promenant sur le Corso, je traversais la belle place Colonne décorée, comme on le sait, de la majestueuse colonne en marbre blanc élevée par le sénat en l'honneur de Marc-Aurèle Antonin, pour les victoires remportées par lui en Allemagne ; là se trouvait le bureau central du télégraphe ; j'y entrai ; comme étranger, l'agent eut l'obligeance de me faire visiter ses appareils. Je me suis mis en suite de communication avec Paris ; quelques heures après, j'étais fixé. Je restai à Rome huit jours de plus, et j'assistai à la cérémonie. C'est alors que je conçus le projet d'installer un télégraphe à la Réunion, œuvre dont la création devait être traversée par bien des bâtons.

Que l'on me passe cette longue entrée en matière ; les pères sont causeurs jusqu'à ennuyer leur auditoire lorsqu'ils parlent de leurs enfants, surtout comme de celui-ci dont la venue au monde a été si pénible, et l'existence si délicate.

J'arrive enfin à la Réunion en juillet 1862 ; un mois après, je publiai un prospectus qui fut accueilli avec assez d'indifférence, et j'adressai au conseil général mon projet ; je demandai à cette assemblée de m'assurer comme moyen d'existence une subvention momentanée, et l'allocation donnée pour le service des vigies qui coûtait à cette époque 14,100 francs. Sauf quelques rares personnes convaincues de l'utilité de l'œuvre et de la possibilité de l'entreprise, je ne rencontrai aucun appui.

En présence d'une opération dont les résultats financiers étaient inconnus, et pour quelques-uns problématiques, il fallait assurer aux actionnaires, que je devais appeler pour concourir au projet, un revenu certain. L'allocation de la somme affectée aux vigies, déduction faite des 3 à 4,000 francs nécessaires pour le sémaphore de la rade, était suffisante pour donner de l'assurance aux actionnaires et de la viabilité à l'œuvre. Ma demande fut renvoyée à une commission qui fit son rapport *sans connaissance de cause*, en prononça le rejet en attendant *que l'administration lui présentât un projet*.

Celui que je présentai, et qui a été couronné

d'un plein succès, n'était donc pas un projet sérieux ?

Je transcris ici sans commentaire le rapport de cette commission ; je fais grâce à mes lecteurs de leur faire connaître les noms de ceux qui prononçaient en dernier ressort, sans autorité, sur une œuvre complétement inconnue d'eux ; je pardonne, en outre, à ces amis du progrès et à ces bienfaiteurs à rebours de la colonie :

Extrait du rapport sur le budget de 1863, présenté dans la session ordinaire du conseil général de 1862.

. . . .

TÉLÉGRAPHE ÉLECTRIQUE

« Sur la proposition de l'un des membres de la
« commission il a été donné communication d'une
« lettre de M. Crestien, qui demande qu'il lui
« soit alloué, pendant trois ou quatre ans, pour la
« création d'un télégraphe électrique dans la co-
« lonie, une subvention de 10,000 francs, et qu'il
« lui soit en outre attribué la dépense annuelle du
« service des vigies.

« *Le pétitionnaire énonce qu'il a adressé cette de-*
« *mande au gouvernement.*

« *Le silence de l'administration à cet égard nous a*
« *fait supposer qu'elle n'avait pas apprécié le mérite*
« *de cette requête quant à présent ou qu'elle la reje-*
« *tait.*

« Votre commission, comme d'habitude ja-
« louse de vous prouver qu'elle s'occupe de tout
« ce qui peut toucher aux intérêts généraux de la
« colonie, en favorisant le progrès, a pris cette
« demande en sérieuse considération.

« Mais elle déclare que cette entreprise, tout en
« ayant le caractère d'intérêt général, puisqu'elle
« est appelée à donner toute célérité aux commu-
« nications, reste néanmoins dans les limites de la
« spéculation privée.

« Qu'en conséquence, la colonie ne peut ni
« ne doit intervenir dans ces sortes d'affaires, et
« qu'il serait dangereux d'établir un précédent
« qui pourrait être invoqué dans toute autre cir-
« constance.

« Que l'entrepreneur, s'il persévère dans son
« projet, et après la ligne établie et fonctionnant,
« l'administration, après étude, aviserait s'il y a
« lieu de passer un marché qui aurait pour
« résultat de supprimer les vigies, qui pourraient
« être remplacées par le télégraphe électrique.

« Par ces motifs, la *commission a passé à l'ordre*
« *du jour sur cette demande, attendant pour se pro-*
« *noncer que l'administration lui présente un pro-*
« *jet.* »

Quand, sept ans après, j'eus à porter ce rejet à
la connaissance de la colonie, il se produisit
dans la presse une pénible impression.

Je ne puis résister au désir de publier *in extenso*

l'article vengeur signé : H. Deville, l'un de ces républicains dont on craignait tant alors l'ingérance dans les affaires publiques :

Extrait du journal le *Courrier de Saint-Pierre* du 11 octobre 1870.

LE TÉLÉGRAPHE ÉLECTRIQUE

« *Le Courrier* s'est toujours montré partisan déclaré de l'effort individuel, de l'initiative privée et pour notre part nous avons sans cesse répété bien haut à nos concitoyens ce mot, signal de tout progrès sérieux, et qui, dans l'épreuve terrible qu'elle traverse, devra sauver notre chère patrie : Faisons nous-mêmes !

« *Le Courrier* a battu des mains en voyant M. Crestien faire du télégraphe électrique à la Réunion une entreprise particulière ; il a compris de suite que dans ces conditions l'œuvre arriverait à un prompt et sérieux résultat.

« Est-il besoin de rappeler à nos lecteurs avec quelle louable énergie, avec quelle fiévreuse activité le promoteur et l'ingénieur du télégraphe ont poussé leurs travaux !

« Saint-Pierre est relié à Saint-Denis, les nouvelles volent, les transactions se nouent, les relations s'agrandissent, les communications se multiplient, chaque jour elles augmentent ; en un mot l'œuvre du progrès se fait.

« Insister est inutile, la colonie tout entière assiste étonnée et charmée tout à la fois, à ce magnifique mouvement.

« Nous devons donc encourager M. Crestien, quand nous le voyons chercher à doter la Partie-du-Vent d'une entreprise aussi utile, nous devons lui prêter le concours de la presse, un concours complet et dévoué, afin que cette fois encore la victoire reste à son honorable et généreuse initiative.

« Le projet qu'il a publié dans le *Courrier* du 7 courant nous révèle un fait bien curieux, ignoré de la plupart des colons, systématiquement éloignés depuis si longtemps de la gestion et du contrôle de toutes les affaires coloniales.

« En 1862, une commission du conseil général d'alors, chargée de donner son avis sur la substitution d'un service télégraphique au service des vigies, substitution que proposait M. Crestien, déclara l'œuvre *peu sérieuse et inexécutable.*

« Cette commission mal inspirée a donc reculé de plus de sept années pour nous le bienfait inappréciable des communications électriques ; elle nous a condamnés, de par son mauvais vouloir ou son incapacité, à marcher à reculons pendant près de 5,000 jours !

« Et cependant Bourbon était alors dans la plus grande prospérité, il jouissait déjà de ces plantureux budgets qui font l'admiration, en même temps que la convoitise de nos administrateurs émérites, et il pouvait certes faire alors les frais de semblables entreprises industrielles bien mieux que dans les temps calamiteux que nous traversons.

« Triste exemple de l'influence administrative et gouvernementale dans la sphère des progrès même matériels !

« Il est vrai que ce n'est pas seulement dans les questions de dynastie, de gouvernement, de libertés politiques, et de finances, que MM. les conservateurs *quand même* se sont trompés !

« Il est donc vrai qu'ils avaient juré de conserver le passé tout entier, même avec ses erreurs, ses préjugés et ses injustices !

« C'est ainsi que par eux nous avons vu le télégraphe électrique écarté, les chaloupes à vapeur tenues à distance, les locomotives routières regardées presque avec inquiétude.

« Le temps viendra cependant où les progrès seront passés dans les mœurs, où ils feront partie intégrante de la vie du colon à Bourbon.

« On aura peine à croire alors qu'une commission du conseil général, en l'an de grâce 1862, ait émis pareil avis !

« On voudra savoir les noms de ces *membres* si amis du progrès, afin d'en garder précieusement le souvenir, et de les inscrire parmi les bienfaiteurs à rebours de la colonie.

« Nous regrettons pour notre part que M. Crestien n'ait pas complété le piquant de sa communication en nous disant quels étaient les conseillers généraux d'alors qui ont eu le courage de voter ainsi.

« Ce serait un enseignement précieux pour l'avenir. »

Un peu déconcerté par mon premier insuccès, j'attendis des jours meilleurs pour présenter de nouveau le télégraphe à la colonie ;

En 1869, cette occasion arriva, au sujet de l'échouement du *Brise-lame ;* ce navire eût été sauvé si un secours prompt avait pu lui être porté.

Je repris donc l'œuvre de 1862 ; cette fois, je dois le dire, n'ayant plus envie de faire recommander mon œuvre par un vote du conseil général, je tentai l'aventure, seul ; je m'adressai directement à la colonie ; cet appel fut entendu : en moins de trois semaines, le capital social fut souscrit, le quart exigé par la loi fut réalisé et déposé.

A cette époque, je présentai l'entreprise télégraphique, non comme une affaire d'argent, mais comme une œuvre d'intérêt public et de patriotisme.

Je reconnus avec bonheur que cette corde sensible vibra dans le cœur de mes compatriotes : 212 actionnaires souscrivirent à mon projet sans se préoccuper si l'opération serait ou non lucrative ; cependant le moment était moins favorable au point de vue financier qu'en 1862.

La société est enfin constituée.

Suivant un arrêté du *19 avril 1869* l'administration locale approuvait et autorisait le projet de créer un télégraphe.

On entra immédiatement dans la voie de l'exécution, le matériel arriva sur le navire le *Rontonnay* accompagné par M. l'ingénieur Koch, que j'avais demandé à la maison *Nullus,* pour m'assister dans mon installation.

Il faut bien le dire : l'histoire coloniale doit être fixée sur la coopération et le mauvais vouloir de chacun à l'œuvre.

L'administration avait changé en 1870 ; nous ne trouvâmes pas auprès de la nouvelle, la même bienveillance, le même appui qui nous avaient été montrés au début.

Que s'était-il donc passé depuis ???

On me refusait l'entrée en franchise du matériel du télégraphe, franchise qui m'avait été formellement promise par la précédente administration, ainsi que le transport gratuit de mon matériel.

Nous éprouvâmes une autre déception plus grave devant entraîner la ruine de l'entreprise qui ne pouvait arriver à bonne fin qu'en se terminant rapidement.

Pendant que nos travaux étaient construits avec la plus grande activité, j'étais appelé à Saint-Denis pour affaires urgentes par une lettre de M. le Directeur de l'Intérieur, du *11 avril 1870* :

Qu'avions-nous fait ? avions-nous compromis la sécurité publique en fichant en terre quelques maigres poteaux dont les *martins* seuls pouvaient se préoccuper ?

Il s'agissait de me donner communication du rapport d'une commission administrative en date du *6 avril 1870*, dont les conclusions me prescrivaient d'avoir à suspendre immédiatement les travaux de fouille et de pose des poteaux jusqu'à ce que je fusse autorisé à établir une ligne télégraphique dans la colonie. Je pensais que j'avais été suffisamment autorisé par l'administration de 1869, et par son arrêté du *19 avril 1869 ;* que cette dernière n'avait pas à s'immiscer dans mes travaux, du moment que je ne demandais rien au gouvernement, et que je faisais cette opération aux risques et périls de mes actionnaires.

Quelques jours après la réception de cette lettre, pendant que nos poteaux se dressaient en vue de Saint-Denis, sur la montagne des signaux, nous étions averti par le gouverneur de faire suspendre immédiatement leur pose ainsi que celle des fils.

Avis était donné à la police et aux ponts et chaussées d'y tenir la main. Qu'étions-nous donc pour être désigné à la police comme un fauteur de désordre ? Nous n'étions qu'un homme d'initiative, suppléant modestement au gouvernement d'alors que l'on croyait habile parce qu'il ne faisait rien, et qu'il se tenait en équilibre entre tous les partis.

Une pareille décision ne paraît pas croyable, et cependant rien n'est plus vrai.

Ce qui est encore incroyable, et qui pourrait faire supposer à nos arrière-petits-neveux que nous vivions alors sous une administration dirigée à la turque, et que nous étions traité par elle sans merci et au mépris du droit commun; ce sont les termes mêmes du rapport du 6 avril 1870 dont nous ne donnerons que des extraits pour abréger ce récit : le document étant d'ailleurs authentique et officiel, chacun peut le consulter s'il veut se donner cet ennui.

M. le procureur général de 1870, rapporteur de cette commission, écrit dans ce document :

« Que sans vouloir s'arrêter à des considérations sinon politiques, tout au moins de sécurité et d'ordre publics, il se borne à faire remarquer à M. le gouverneur que le sieur Crestien *va faire concurrence à la poste, et réduire nécessairement les produits de cette administration au préjudice du budget colonial.*

« Il va, et ceci, dit le rapport, paraît plus délicat, se trouver en possession quotidienne de tous les secrets de la population, etc.

Voici ce que dit ce rapport relativement aux autorisations des particuliers qui ne se sont jamais plaints qu'on passât chez eux, la commission se faisant plus royaliste que le roi :

« Déclare que M. Crestien sera tenu de justifier des autorisations qu'il doit tenir des particuliers pour traverser leurs propriétés ;

« Que l'administration soit appelée à constater par l'entremise des hommes spéciaux l'itinéraire proposé et l'exécution des travaux ;

« Qu'afin d'œuvre la réception desdits travaux soit constatée par un procès-verbal des ponts et chaussées ;

« Que l'autorisation donnée à la société du télégraphe ne sera que *temporaire*, sauf à la renouveler après une période de cinq ans ;

« *Qu'il est fait défense à M. Crestien de céder son entreprise, excepté à l'administration qui alors, si bon lui semble, achèterait tout le matériel à dires d'expert ;*

« *Qu'il sera obligé de transmettre gratuitement les dépêches administratives,*

« Et qu'enfin, les deux employés placés aux deux points extrêmes de la ligne seront choisis par le directeur de l'intérieur et payés des deniers de la compagnie . . . .

. . . .

Tout le reste est de cette force, *ejusdem farinæ*.

Quand nous annoncions que ce rapport était rédigé à la façon turque, nous n'exagérions pas ; l'on ne pouvait faire pire oubli de la chose d'autrui, et sacrifier davantage les intérêts de la société naissante.

Et dire que c'est dans un pays français, aux aspirations libérales, à la veille où une ère de liberté devait bientôt commencer pour elle, que de semblables énormités étaient considérées comme devant faire loi, et étaient consignées par des administrateurs français dans un rapport officiel.

Que l'on regrette à présent le temps passé ?

Nous avons terminé avec les petites misères de l'installation et les tracasseries administratives.

Grâce à l'intervention de quelques hommes intelligents, animés de l'amour du bien de la chose publique (heureusement qu'il en existe toujours quelques-uns dans les commissions et les administrations même les plus . . . . rétrogrades), nous pûmes reprendre nos travaux après un mois d'interruption complétement inutile au point de vue de la prétendue régularisation que l'on attendait de nous, et nuisible à la prompte exécution de nos travaux.

Enfin, le 29 juillet 1870, la communication électrique était établie à jamais dans la colonie.

Il y avait à peine un quart d'heure que le télégraphe bégayait les premiers mots de sa langue rapide et mystérieuse qu'une dépêche officielle arrivait du port, faisait savoir qu'une embarcation, épave du navire le *Jason* venant de Madagascar, arrivait au bout du pont, débarcadère de Saint-Paul, annoncer la disparition de notre regretté compatriote, Emile de Jouvancourt.

Le lendemain, 30 juillet, la communication était donnée au bureau de Saint-Denis ; on faisait connaître à Saint-Denis et à Saint-Paul l'incendie du navire anglais la *Lorena* en rade de la Possession, le 1er août, l'incendie de la pharmacie Archambault.

Aussitôt arrivé à Saint-Denis nous reprîmes les travaux d'installation de Saint-Paul à Saint-Pierre.

Le bureau de Saint-Leu fut inauguré le 19 septembre, et ceux de Saint-Louis et de Saint-Pierre le 1er octobre suivant.

Profitant de l'entraînement que donne ordinairement le succès, je constituai une seconde société pour installer un télégraphe dans la Partie-du-Vent entre Saint-Denis et Saint-Benoît avec une station dans les quartiers intermédiaires. En moins de huit jours, le capital social était souscrit et réalisé. Malgré l'état de siège de Paris, et les difficultés que nous éprouvâmes pour faire venir notre matériel pendant la guerre, le 3 décembre 1871 nous terminions le télégraphe de Sainte-Marie et de Sainte-Suzanne ; le 6, celui de Saint-André, et le lendemain 7 décembre, nous inaugurions solennellement le télégraphe de Saint-Benoît.

Arrêtons-nous un moment dans ce quartier ; le fait est assez unique pour que nous le marquions d'une note particulière.

Le télégraphe qui devait occasionner et occasionna une révolution commerciale dans la colonie, et faciliter les relations de famille, s'établit sans le moindre bruit, au milieu de la plus complète indifférence. On ouvrait les bureaux dans le silence le plus complet.

Le quartier de Saint-Benoît fut le seul où le télégraphe produisit une impression flatteuse pour ceux qui s'étaient donné la peine de créer cette œuvre essentiellement utile, le seul où l'on fêta notre arrivée.

M. Alexis Charlette, premier adjoint du maire, en l'absence de celui-ci retenu au conseil général, vint nous recevoir, musique en tête.

Il nous adressa l'allocution que nous reproduisons avec plaisir dans ce volume pour consacrer la solennité de ce jour dont l'agréable souvenir reste gravé dans notre cœur. C'est l'un des rares dédommagements des peines que nous nous sommes données pour doter la colonie de cette œuvre de progrès dont chacun constate tous les jours l'utilité et l'agrément.

DISCOURS DE M. CHARLETTE

Monsieur,

« En l'absence de M. le Maire, l'honneur de vous souhaiter la bienvenue me revient; je l'accepte avec plaisir, tout en regrettant que le premier magistrat de la commune ne puisse pas assister à l'inauguration du télégraphe à Saint-Benoît.

« Permettez-moi, Monsieur, de saisir cette occasion pour vous féliciter de la persévérance avec laquelle vous poursuivez une entreprise qui est appelée à rendre d'immenses services à la colonie, et qui, sous votre habile direction et avec l'intelligente coopération que vous avez rencontrée, ne peut manquer de réussir complétement.

« Je suis sûr d'être l'interprète des sentiments de toute la population de Saint-Benoît, en souhaitant le succès le plus complet à votre entreprise, et en vous remerciant d'avoir doté la commune de ce bienfait. »

Sous l'empire de l'émotion occasionnée par cette gracieuse réception, nous répondîmes par les quelques mots improvisés que nos souvenirs nous ont permis de reproduire dans le compte rendu inséré dans le journal la *Réforme Coloniale* du 11 décembre 1871 :

Monsieur,

« Au nom de la société du télégraphe, et en mon nom, je vous remercie des paroles flatteuses que vous m'adressez à l'occasion de ce jour d'inauguration du bureau du télégraphe de cette ville, tête de ligne du télégraphe de la Partie-du-Vent.

« La Partie-du-Vent n'était pas oubliée lorsque j'entreprenais d'établir une ligne télégraphique dans la colonie ; je voulais, en reliant d'abord les centres principaux de l'île, démontrer que la création du télégraphe était possible.

La Partie-du-Vent, notre devancière en bien des œuvres de progrès, témoin des œuvres des Desbassayns, des Gimart, des Robinet de Laserve, de Wetzel, nous excusera d'avoir pris l'initiative dans la circonstance.

Quel que soit l'avenir réservé à l'opération financière, le télégraphe est aujourd'hui établi à la Réunion, et ne périra pas, je vous en donne l'assurance.

« Veuillez, Monsieur, être mon interprète près de M. le Maire, dont l'absence involontaire me prive du plaisir de lui adresser mes remercîments pour le gracieux concours qu'il m'a prêté.

« Permettez-moi, Monsieur, de vous remercier aussi du concours personnel que vous avez prêté à l'Ingénieur de la société ; concours qui nous a permis de devancer l'époque fixée pour l'achèvement de nos travaux. »

Après l'établissement du télégraphe du vent, nous voulûmes en installer un de Saint-Pierre à Saint-Joseph. L'inauguration du bureau de ce dernier quartier eut lieu le 28 avril 1872, jour de malheur au promoteur de l'œuvre télégraphique. Ce jour, M. Koch, ingénieur de la société, nous expédiait, de Saint-Joseph, la première dépêche pour nous faire savoir la part qu'il prenait à l'affreux événement qui nous brisait le cœur et nos espérances.

Le fonctionnement de ce télégraphe fut de peu de durée ; un an après, le bureau se fermait faute de subventions et d'éléments suffisants à son existence.

Comme complément du réseau télégraphique colonial, nous fîmes aussi l'essai d'un embranchement de ligne de Saint-André sur le Petit-Sable et la station thermale de Hellbourg ; par les mêmes raisons que pour celui de Saint-Joseph, le télégraphe de Salazie, inauguré le 28 avril 1873 (anniversaire toujours fatal), fut aussi de peu de durée.

Ces deux dernières lignes ne peuvent exister qu'à la condition d'être subventionnées complètement par leur commune.

Espérons que dans un avenir prochain nous verrons rétablies les lignes disparues momentanément de Saint-Joseph et de Salazie. En attendant, le télégraphe de la Partie-du-Vent interrompu quelque temps, après un premier insuccès, fonctionne aujourd'hui et forme ainsi le second réseau télégraphique établi à la Réunion.

Le câble sous-marin viendra aussi bientôt compléter le réseau télégraphique universel que nous désirons pour notre petit pays qui ne peut rester plus longtemps isolé du monde entier.

PORT ET CHEMIN DE FER

Patience et longueur de temps
Font plus que force ni que rage.

DE tout temps, le besoin pour la France, d'avoir un port dans la mer des Indes se faisait sentir tant dans l'intérêt de l'humanité que dans celui de sa marine. L'absence de cet abri à la Réunion nous constituait en état d'infériorité vis-à-vis de l'île de France qui offrait aux navires refuge, et sécurité au commerce.

Plusieurs tentatives pour arriver à ce but tant désiré restèrent infructueuses.

Saint-Paul a toujours été d'abord indiqué comme le lieu offrant le plus de chance de réussite pour cette entreprise.

En 1732, M. Charpentier-Cossigny fut chargé par les directeurs de la compagnie des Indes d'étudier un projet de port à créer dans l'étang de Saint-Paul. La mission donnée à cet ingénieur n'aboutit pas au résultat que l'on attendait.

Lors du voyage que Bernardin de Saint-Pierre,

capitaine de génie, fit dans la colonie en 1770, l'embouchure de l'étang attira son attention comme endroit favorable pour un établissement maritime.

Depuis la perte de l'île Sœur, la France, ne possédant pas de port dans la mer des Indes, songea sérieusement plusieurs fois à en créer un à Bourbon.

A la reprise de possession de l'île en 1815, un projet fut étudié par M. Gilbert. On croyait le port exécutable dans la baie de Saint-Gilles, village situé à 9 kilomètres à l'ouest de Saint-Paul. A Saint-Gilles ou à la Pointe-des-Galets, il était dans les destinées de notre ville qu'elle toucherait à l'est et à l'ouest à un port placé à la même distance de ce centre populeux.

En 1816, deux autres projets dans le même but furent présentés par MM. Soleille, officier de génie et Partiot, ingénieur.

En 1817, les projets ci-dessus mentionnés furent examinés d'après les ordres ministériels par M. Tessier, ingénieur. Celui de M. Gilbert fut préféré.

En 1840, M. Siau, ingénieur en chef de la marine, fut chargé par le conseil général des ponts et chaussées de commencer les travaux de port à exécuter dans la baie de Saint-Gilles. Il quitta la colonie après avoir fourni au ministère de la marine un rapport défavorable.

Là s'arrêta le bon vouloir de la métropole ; comme l'on voit, les projets ne firent pas défaut ; des encouragements platoniques ne suffisent pas, il faut l'argent qui a été et sera toujours le nerf de toutes choses.

L'idée de port ne fut jamais abandonné à Saint-Paul.

Après plusieurs tentatives infructueuses et peu sérieuses, faites en 1862 et 1867, que nous ne mentionnons que pour mémoire, un projet, celui qui a réussi, fut repris en 1869.

Ce fut en *mai 1869* que je conçus l'idée de reprendre l'œuvre si souvent abandonnée, et de la confier au lieutenant de vaisseau L. Pallu de la Barrière, alors commandant l'aviso le *Diamant*.

Nous ne nous en attribuons pas tout le mérite ; mais au moins la pensée qui a permis à la colonie d'être prête à profiter, au moment opportun, des bonnes intentions du gouvernement de la république.

Les derniers moments du séjour du *Diamant* sur a rade de Saint-Paul, furent consacrés à entretenir son commandant des détails du projet qui consistait alors à reprendre celui si souvent abandonné : le creusement de l'étang avec deux jetées protectrices de son entrée.

Le futur général commandant la réserve à *Héricourt* et à *La Cluse*, le sauveteur de la *Reine Blanche* à l'âme grande, aux vues élevées, accueillit avec enthousiame l'idée qui lui était présentée de concourir à la réussite de l'œuvre dont je lui confiais la fortune.

Le *Diamant* partit de Saint-Paul en juin de la même année, emportant nos espérances et les destinées maritimes de la colonie. Ce navire de l'Etat fut le premier qui passa par le canal de Suez.

M. de Lesseps était alors notre espérance.

Aussitôt arrivé à Paris, le commandant Pallu de la Barrière m'écrivit à la date du *11 février 1870* la lettre que nous transcrivons ci-après :

« Je vous ai écrit au moment de quitter Alexandrie une lettre détaillée où je vous parlais de ma conversation avec M. de Lesseps :

« Je crois que son mariage le rapprochera un jour ou l'autre de la Réunion ; mais je crois aussi qu'il est très préoccupé de sa grande affaire qui n'est pas absolument terminée. Le problème géographique est résolu ; le canal existe ; il n'y aura pas de dégradation de berge, pas d'infiltration de vase, pas de sables pour combler, pas d'entretien dispendieux ; mais le bénéfice ne commencera que dans une vingtaine d'années, quand les mœurs maritimes seront modifiées, et qu'un nouvel outillage sera créé.

« Vous connaissez ma conviction profonde sur la possibilité du port de Saint-Paul ; cette conviction est appuyée *sur l'étude que nous avons faite des lieux quand nous les avons visités ensemble.*

« Si vous voulez indiquer sous forme de notes

les points qui vous paraissent les plus importants pour la réussite de l'œuvre, vous pouvez compter que je serais trop heureux d'employer les moyens dont je dispose pour le faire aboutir.

« Je suis rentré en France par Sainte-Marie-Madagascar, Aden, Suez, Ismalia, Port-Saïd, Alexandrie, Malte, Alger, Belle-Ile et Lorient ; voilà mes étapes

« A vous. »

Les préoccupations de la guerre de 1870 et de 1871, dans laquelle le capitaine de frégate L. Pallu de la Barrière, fait général de brigade dans l'armée de Bourbaki, et commandant de la réserve générale, joua un rôle si brillant, ajournèrent ce projet, qui fut modifié et transformé par lui en un port canal à creuser dans la Pointe-des-Galets ; ce projet fut repris en 1872.

Le port dans l'étang était discrédité partout à Paris, dans les bureaux du ministère de la marine et des colonies, dans la commission des travaux maritimes ; ensuite l'œuvre nouvelle ne profiterait-elle pas de l'engouement du succès du percement de l'isthme de Suez dont notre port-canal devait être en petit l'image ?

A la date du 22 *novembre 1872*, le commandant Pallu m'écrivait :

« Notre grand projet a marché, etc.

Et m'expliquant la modification du projet primitif, il s'exprimait ainsi :

« Quant à moi, je n'ai fait que recueillir une idée qui était dans l'air ; s'il fallait rechercher le moment précis de sa conception, il me semble qu'il me paraîtrait aussi incertain que le premier moment qui décide de la conception des individus de notre espèce ;

« Je crois aussi que cette idée de la Pointe-des-Galets a dû venir spontanément au commandant du *Volta*, dont vous vous souvenez sans doute ;

« Quoi qu'il en soit, la question n'est plus là, elle est avec mon frère que je vous recommande ; je vous demande de l'aider comme vous savez le faire. »

A cette époque, il ne s'agissait, pour la Pointe-des-Galets, que d'un port-canal qui devait se creuser au-delà des dunes, du côté de la mer, sans chemin de fer centralisateur.

Ce chapitre est consacré à faire l'histoire du port et du chemin de fer ; que le lecteur me pardonne les détails dans lesquels j'entre pour bien faire comprendre les difficultés qu'il a fallu vaincre pour arriver au résultat obtenu. Il y a tout un monde du point de départ de l'affaire à celui où nous sommes aujourd'hui.

En réponse à cette lettre, le *13 décembre 1872*, j'adhérai avec bonheur au nouveau projet ; j'y présentai néanmoins les observations suivantes :

« A mon avis, le port devrait se creuser en deçà des dunes en allant vers la propriété Pontlevoye, et immédiatement après ; les dunes lui serviraient d'abri, etc. »

Dans cette lettre, écrite par *moi le 13 décembre 1872*, il est bon de faire prendre date au projet ci-après émis par moi. J'engageai le commandant Pallu à joindre au port un chemin de fer centralisateur par le *littoral*, indispensable pour porter au port les productions de toute la partie fertile de l'île ; sans cela, le port serait couronné d'un vaste insuccès.

« Je vous envoie, lui dis-je, un projet d'établissement de chemin de fer pour lequel j'éprouve une difficulté insurmontable pour l'instant : le massif de rochers qui sépare la Possession de Saint-Denis. J'obvie bien à cet inconvénient d'une manière incomplète en reliant cette lacune du chemin de fer entre Saint-Denis et le port par un service de deux petits bateaux à vapeur qui offrent de bien grands inconvénients à cause des chargements et des déchargements ; c'est là un moyen empirique, à vous d'aviser. »

La réussite du projet du port ne pouvait être obtenue qu'avec l'appui d'un ingénieur ayant une grande notoriété ; c'est à ce moment que l'on s'adressa à M. Lavalley pour avoir son tout-puissant patronage. Ce dernier ne voulut s'engager qu'après avoir fait examiner les lieux par l'un de ses ingénieurs les plus distingués en qui il eût toute confiance.

Nous sommes à la fin de 1873, au moment le plus critique, le plus délicat de l'entreprise.

M. Lavalley ne voulait faire aucun débours, aucune avance. Où trouver les moyens de pourvoir aux frais de cette étude préparatoire indispensable ? Souvent une pierre, le moindre obstacle, détourne le torrent ; comment faire pour obtenir les 30,000 francs nécessaires à l'opération, et dont l'absence pouvait tout arrêter ? Aujourd'hui que, par la munificence du gouvernement républicain, on dispose de millions, la difficulté d'alors nous paraît puérile.

Grâce à la bienveillante intervention de M. Benoist d'Azy, alors directeur des colonies, la difficulté fut levée.

La colonie lui est redevable du service signalé qu'il a rendu à l'entreprise dans cette circonstance et dans bien d'autres; sans lui, l'œuvre, arrêtée dès ses débuts, n'eût pas abouti.

La mission confiée à M. Blondel, ingénieur, plus tard directeur des travaux du port, eut un plein succès. A son retour à Paris, son rapport favorable attacha définitivement M. Lavalley à l'entreprise. Une convention fut passée entre l'éminent ingénieur et M. Eugène Pallu de la Barrière relativement aux concessions que ce dernier s'était fait octroyer par la colonie, suivant les votes du Conseil général en date des 25 juin 1874 et 27 novembre 1875.

A ce moment, l'on ne croyait au port que d'une manière vague ; le chemin de fer était une immense folie, disait-on.

Sauf la voix discordante du marin Mac-Ellen, dont les articles trouvaient un bon accueil dans le journal *La Malle*, personne ne combattit sérieusement le projet du port. Mais en 1875 et 1876, quand on y joignit celui d'un chemin de fer centralisateur, qui en était le corollaire indispensable, projet suggéré au commandant Pallu par ma lettre du *13 décembre 1872*, une critique acerbe et passionnée s'éleva contre tout le projet, surtout lorsqu'il fut question de faire contribuer la colonie pour une part dans l'œuvre dont la métropole la dotait si généreusement.

Cette contribution consistait à faire voter au profit de la Compagnie du port et du chemin de fer, par le Conseil général, une somme annuelle de 160,000 francs pendant 30 ans, payable à partir du jour où cette double entreprise serait livrée et mise en exploitation ; elle était l'équivalent des frais extraordinaires occasionnés au devis pour le percement de la falaise qui sépare Saint-Denis de la Possession. A cette question d'indemnité était jointe celle réclamée pour la dépossession des pas géométriques où devait passer le trajet du chemin de fer.

Le 4 août 1876, fut votée par la Chambre des députés une loi approuvant la convention passée entre M. le ministre de la marine et des colonies et MM. Lavalley et Eugène Pallu de la Barrière et accordant aux concessionnaires une garantie de revenu net de 1,925,000 francs, plus une somme de 4,000,000 francs, en échange de certaines stipulations énumérées dans la convention.

Nous donnons comme annexe les documents sus-mentionnés.

C'est alors que se déchaîna, tant dans notre petit parlement que dans la presse coloniale, sauf un seul journal, une violente opposition dont les échos devaient impressionner fâcheusement M. Lavalley, débarquant dans la colonie en 1878 (1).

. . . .

Le tracé du chemin de fer fut voté par le Conseil général dans la session de septembre 1878.

La Société se mit aussitôt à l'œuvre ; le port fut commencé en juin 1878 ; le percement du tunnel en avril 1879.

Tous ces gigantesques travaux sont conduits avec la plus grande activité et la plus parfaite intelligence par les habiles ingénieurs coopérant à l'œuvre qui sera prochainement achevée. Désormais la France ne verra plus avec douleur des navires, désemparés par l'ouragan, se réfugier dans un port où flotte l'étendard britannique.

(1) Voir les numéros du Journal la *Malle* des 30 mai, 6 juin et 8 septembre 1878, sessions du C. G. de 1875 et 1878.

Bientôt la colonie aura son port et son chemin de fer, grâce à la générosité de la République, qui lui paie largement le service qu'elle lui a rendu en contribuant à fonder et à consolider son gouvernement.

Je suis heureux de terminer ce chapitre en marquant à chacun la place qu'il doit occuper dans la reconnaissance de la colonie pour ceux qui ont contribué à l'achèvement d'une entreprise si souvent projetée et si souvent oubliée.

Au capitaine de vaisseau L. Pallu de la Barrière, l'un des deux promoteurs de l'œuvre ;

A MM. Laserve et de Mahy, qui ont prêté chacun leur puissant concours au Sénat et à la Chambre des députés ;

M. Fourichon, ministre de la marine et des colonies ;

M. Léon Say, ministre des finances ;

Et M. Benoist d'Azy, directeur des colonies ;

Qui ont si puissamment et si habilement aidé les promoteurs de l'entreprise à traverser les difficultés multiples qui leur étaient opposées.

Honneur à eux,

A tous.

La Colonie reconnaissante.

Nº 459.

CHAMBRE DES DÉPUTÉS

SESSION 1876

ANNEXE
au procès-verbal de la séance du 4 août 1876

PROJET DE LOI

RELATIF A LA CRÉATION D'UN PORT A LA POINTE DES GALETS (ILE DE LA RÉUNION) ET A L'ÉTABLISSEMENT D'UN CHEMIN DE FER RELIANT CE PORT A SAINT-PIERRE, ET A SAINT-BENOIT,
(Renvoyé de la Commission du budget.)

PRÉSENTÉ AU NOM

De M. le Maréchal de MAC-MAHON, DUC DE MAGENTA,
Président de la République française,

Par M. le Vice-Amiral FOURICHON
Ministre de la Marine et des Colonies,

ET

Par M. LÉON SAY, *Ministre des finances.*

EXPOSÉ DES MOTIFS

MESSIEURS,

Depuis la perte de l'île Maurice, la France ne possède plus de port dans l'océan indien. Notre colonie de la Réunion n'a que des rades foraines, les navires n'y trouvent aucun refuge pour se mettre à l'abri de la violence des vents et de la mer ; ils restent ainsi exposés à tous les dangers que présente le voisinage des côtes. Les risques et les lenteurs qui résultent d'un pareil état de choses dans les opérations commerciales se traduisent par une augmentation très onéreuse du prix du fret et des assurances.

L'humanité autant que l'intérêt de la navigation justifient donc l'utilité de la création d'un port à l'île de la Réunion.

D'un autre côté, la France n'a, dans la mer des Indes, aucun point de ravitaillement pour la flotte, et, depuis plus de cinquante ans, cette situation n'a cessé de préoccuper le gouvernement métropolitain.

A plusieurs reprises des études ont été faites en vue de remédier à un semblable état de choses, mais ces études commencées n'ont pas abouti et les divers projets ont été successivement abandonnés.

Une compagnie a proposé de créer un port de refuge et de radoub qui serait creusé à la Pointe-des-Galets, position de l'île a la fois plate et accessible, placée sous le vent de l'île, et qui paraît convenir exceptionnellement pour cette création.

La visite des lieux et l'examen du projet par des autorités compétentes a fait reconnaître que l'exécution de ce port était parfaitement réalisable et que les dispositions proposées étaient de nature à être acceptées, sous réserve de quelques modifications de détail, mais il a été reconnu, en même temps, que le succès financier de l'entreprise était inséparable d'une certaine concentration commerciale, et que, par suite, l'établissement du port devrait entraîner simultanément la construction d'un chemin de fer qui le relierait aux principaux centres de production et de consommation du pays.

Le Conseil général de l'île de la Réunion, dans ses séances des 25 juin 1874 et 27 novembre 1875, a voté cette double concession du port et du chemin de fer au profit de MM. Lavalley et Pallu de la Barrière ; et un décret rendu en Conseil d'Etat leur accordera la jouissance pendant la durée de leur concession (99 ans) des terrains qui leur seront nécessaires sur la réserve domaniale dite des cinquante pas géométriques.

MM. Lavalley et Pallu de la Barrière ont obtenu du Conseil général de la colonie une subvention de cent soixante mille francs pendant 30 ans ; ils demandent au Gouvernement métropolitain une somme de 4 millions et la garantie d'un revenu net de 1,925,000 francs. En échange, l'Etat recevrait la subvention coloniale, et jusqu'à concurrence de la différence, la totalité des recettes du port et du chemin de fer, déduction faite de 50 à 60 % de recettes pour frais d'exploitation. Un partage par moitié des bénéfices réalisés après le relèvement de la garantie et des frais d'exploitation, permettrait au Trésor de rentrer dans les avances qu'il aurait pu faire pour compléter le revenu de 1,925,000 fr. ci-dessus indiqué.

D'après les calculs de MM. Lavalley et Pallu de la Barrière, il y a lieu d'espérer que la garantie financière demandée au Trésor ne constituera qu'une charge nominale.

L'affaire a été soumise à l'examen d'une Commission spéciale, dans laquelle les deux départements de la Marine et des Finances ont été représentés. Cette Commission dont le rapport est ci-joint, a constaté les services que le port et le chemin de fer réunis doivent rendre à la métropole comme à la colonie, elle a émis l'avis qu'il y avait lieu de déclarer d'utilité publique le port de la Pointe-des-Galets, ainsi que le chemin de fer de Saint-Pierre à Saint-Benoît.

La Commission a reconnu également que la garantie de l'Etat était indispensable pour le succès de l'opération, et elle a préparé à ce sujet un projet de convention à passer, sous la réserve de l'approbation législative, entre le Ministre de la Marine et des Colonies, agissant au nom de l'Etat, et MM. Lavalley et Pallu de la Barrière ; à cette convention est annexé un cahier des charges additionnels à ceux qui ont été acceptés par le Conseil général de la Réunion et qui donne satisfaction, tant aux recommandations techniques faites par le Conseil des travaux de la marine qu'aux observarions qui se sont produites au sein même de la Commission.

Ces conclusions ont été adoptées par le Conseil d'Etat qui, dans sa séance du 3 août courant, a revêtu de son approbation le projet de loi ci-après, que nous soumettons avec confiance aux délibérations de la Chambre des Députés et pour lequel nous vous prions de bien vouloir déclarer l'urgence.

PROJET DE LOI

Le Président de la République française

Décrète :

Le projet de loi dont la teneur suit sera présenté à la Chambre des Députés par le Ministre de la Marine et des Colonies et par le Ministre des Finances, qui sont chargés d'en exposer les motifs et d'en soutenir la discussion.

ARTICLE UNIQUE

Est approuvée la Convention passée le
entre M. le Ministre de la Marine et des Colonies et MM. Alexandre-Théodore Lavalley et Eugène-Emmanuel-Théophile Pallu de la Barrière, agissant tant pour leur compte personnel que pour le compte de la Société anonyme qu'ils se sont obligés à constituer pour la construction et l'exploitation d'un port maritime dans l'île de la Réunion, au lieu dit la Pointe-des-Galets, et d'un chemin de fer destiné à relier à ce port

tous les quartiers producteurs de l'île, depuis Saint-Pierre jusques et y compris Saint-Benoît, en passant par Saint-Denis.

Fait à Versailles, le 4 août 1876.

Le Président de la République française,

Signé : Maréchal DE MAC-MAHON,
Duc de Magenta.

Par le Président de la République :
Le Ministre de la Marine et des Colonies,

Signé : Vice-Amiral FOURICHON.

Le Ministre des Finances,

Signé : LÉON SAY.

CONVENTION

L'an mil huit cent soixante-seize et le

Entre le Ministre de la Marine et des Colonies, agissant au nom de l'Etat et sous la réserve de l'approbation législative de la présente convention,

D'une part ;

Et 1° M. Alexandre-Théodore Lavalley, ingénieur civil, demeurant rue Murillo, n° 18, à Paris ;

2° Eugène-Emmanuel-Théophile Pallu de la Barrière, propriétaire, demeurant à Paris, rue de la Victoire, n° 63 ;

Tous deux agissant tant pour leur compte personnel que pour le compte de la Société anonyme qu'ils se sont obligés à constituer ainsi qu'on le verra après ;

D'autre part ;

Il a été exposé ce qui suit :

Le Conseil général de l'île de la Réunion a concédé à MM. A. Lavalley et E. Pallu de la Barrière, les travaux de construction et l'exploitation d'un port maritime dans cette île, au lieudit la Pointe-des-Galets, et d'un chemin de fer destiné à relier au port tous les quartiers producteurs de l'île, depuis Saint-Pierre jusques et y compris Saint-Benoît, en passant par Saint-Denis.

Ces concessions ont été faites suivant deux délibérations en date des 25 juin 1874 et 27 novembre 1875, auxquelles sont annexés des cahiers des charges à exécuter par les concessionnaires.

La durée des concessions a été fixée à quatre-vingt-dix-neuf ans, commençant à courir, pour le port, à compter de la date du décret autorisant l'affectation à sa construction des terrains à prendre sur la réserve domaniale des pas géométriques, et, pour le chemin de fer, à partir du paiement de la première annuité d'une subvention annuelle de 160,000 francs que la colonie s'est obligée à verser à l'entreprise pendant trente ans.

Un délai de seize ans qui peut être porté à vingt années, a été accordé aux concessionnaires pour l'achèvement ces travaux du port, tandis que pour le chemin de fer le délai n'est que de dix ans.

Les cahiers des charges des deux concessions renferment divers cas de déchéance ; mais le mode de procéder, relatif au port, stipule des indemnités possibles en faveur des concessionnaires et diffère de celui relatif au chemin de fer, emprunté au cahier des charges, type de la métropole.

Des tarifs ont déterminé le maximum des perceptions que les concessionnaires étaient autorisés à faire.

Toutes les autres conditions des concessions ont été fixées par les cahiers des charges précités, dans lesquels cependant ont été constatées des lacunes qu'il importe de combler.

Enfin, pour ce qui concerne le port, les concessionnaires se sont réservé la faculté de faire ressortir, auprès de la métropole, les conséquences d'une création intéressant la puissance de la France et de se mettre en instance pour obtenir, par une loi, soit une subvention, soit une garantie de minimum de recettes, soit une garantie de minimum d'intérêt pour les capitaux engagés.

Dans cette situation, MM. A. Lavalley et E. Pallu de Barrière s'étant adressés à l'Etat pour obtenir son concours financier, les parties ont arrêté ce qui suit :

Article premier

MM. A. Lavalley et E. Pallu de la Barrière renouvellent et souscrivent envers l'Etat tous les engagements qu'ils ont contractés envers la colonie de l'île de la Réunion, aux termes des cahiers des charges précités des 25 juin 1874 et 27 novembre 1875.

En outre, ils renoncent au bénéfice :

1° De la durée de la concession, plus longue pour le chemin de fer que pour le port, qui résulte du cahier des charges du 27 novembre 1875, le point de départ et le terme final devant être simultanés pour les deux entreprises ;

2° Du délai stipulé pour l'achèvement du port, qui sera de dix ans comme pour le chemin de fer ;

3° Du mode de déchéance particulier stipulé dans le cahier des charges du port, ce mode devant être modifié sur les bases adoptées pour le chemin de fer et usitées en France.

Il est convenu, en outre, que les cas de déchéance seront solidaires entre les deux concessions, de telle sorte que si la déchéance y est encourue dans l'une des des deux entreprises, elle puisse être étendue à l'autre si l'administration le juge nécessaire.

Les désistements et dispositions qui précèdent sont acceptés par le Ministre de la Marine et des Colonies au nom tant de l'Etat que de la colonie.

Aucune autre modification n'est apportée aux cahiers

des charges précités, dont toutes les clauses, et notamment celle relative à la longueur et à la profondeur du port, sont expressément maintenues.

Art. 2.

MM. A. Lavalley et E. Pallu de la Barrière s'engagent à constituer dans le délai d'un an, à partir de la loi qui approuvera la présente convention, une Société anonyme au capital de cinq millions de francs pour la construction et l'exploitation du port et du chemin de fer à établir à l'île de la Réunion.

Les actions de ladite Société anonyme ne pourront être mises au porteur, par délibération de son assemblée générale et conformément à la loi du 24 juillet 1867, qu'après la réception définitive des travaux à exécuter, dans les conditions indiquées aux cahiers des charges votés par la colonie et à leurs annexes.

MM. A. Lavalley et E. Pallu de la Barrière s'obligent, en outre, à l'exécution des conditions supplémentaires aux cahiers des charges qui sont stipulées dans les articles additionnels et annexés. Ils prennent enfin les autres engagements qui vont être stipulés.

Art. 3.

Le Ministre de la Marine et des Colonies garantit, au nom de l'Etat, au profit de MM. A. Lavalley et E. Pallu de la Barrière et de la Société anonyme, qu'ils doivent fonder une recette annuelle nette de 1,925,000 francs pour lesdits port et chemin de fer (subvention coloniale comprise, ainsi qu'il sera dit ci-après).

Pour l'évaluation de cette recette annuelle, les frais d'exploitation seront établis à forfait, ainsi qu'il suit, par rapport aux recettes brutes :

Au dessous de 2,750,000 francs...... 60 %
De 2,750,000 francs à 3,000,000 francs 58 %

De 3,000,001 — à 3,250,000 — 55 %
De 3,250,001 — à 3,500.000 — 53 %
Au-dessus de 3,500,000 francs . . . . . . 50 %

En conséquence, après avoir établi au 31 décembre de chaque année, le montant des recettes brutes, on en déduira les frais d'exploitation d'après les bases ci-dessus et on ajoutera au produit net, pendant le temps qu'elle courra, la subvention de 160,000 francs accordée par le Conseil général de l'île de la Réunion, ainsi qu'il a été dit au commencement du présent acte.

De plus, les frais de change qui résulteront du mouvement de fond entre la colonie et la métropole seront portés à un compte spécial et, suivant que ce compte sera créditeur ou débiteur, déduits des frais d'exploitation ou ajoutés à ces frais.

Le résultat de ces opérations donnera les recettes nettes de l'année. Si les recettes nettes sont inférieures au minimum garanti de 1,925,000 francs, la différence sera payée, par l'Etat, à la Société anonyme à constituer, en deux termes égaux, les 1er juin et 1er décembre suivants.

Si, au contraire, les recettes nettes atteignent ou dépassent le minimum garanti, il ne sera rien dû à la Société anonyme par l'Etat.

Il est stipulé, en outre, que toutes les fois que les recettes nettes annuelles, établies comme il vient d'être dit, dépasseront le chiffre de 1,925,000 francs, la moitié de l'excédant, après le prélèvement de l'intérêt à 5% du capital versé et la constitution de la réserve égale, sera porté au compte de l'Etat en déduction des annuités de garantie qu'il aurait pu payer, et ce, jusqu'au remboursement intégral de ces annuités de garantie cumulées.

Il est encore convenu que la subvention trentenaire accordée par le Conseil général, et qui constitue l'une des garanties de l'Etat, sera recouvrée annuellement par ses soins, à ses risques et périls.

Le versement de cette subvention sera fait par l'Etat à la Société anonyme avant l'expiration du trimestre qui suivra l'époque où l'encaissement par l'Etat en aura dû être fait, indépendamment des autres sommes que l'Etat aurait à payer dans le cas où la garantie fonctionnerait suivant les conditions indiquées ci-dessus.

Art. 4.

Les recettes brutes comprendront les perceptions faites pendant le cours de l'année, conformément aux cahiers des charges des concessions, sur le chemin de fer, les magasins et le port, mais ne comprendront pas le produit de l'exploitation de remorquage, de la cale, de halage, des ateliers et autres accessoires qui resteront acquis à la Société anonyme.

Art. 5.

Le Ministre de la Marine et des Colonies réserve à l'Etat le droit de réduire, de concert avec le Conseil général de la colonie, les droits quelconques de toute nature que les concessionnaires sont autorisés à percevoir, par suite des actes de concession et cahier des charges y annexés, mais à la charge, par l'Etat, de tenir compte chaque année, à la Société anonyme, de la différence résultant de l'application des tarifs nouveaux et des tarifs anciens.

Art. 6.

Les concessionnaires s'obligent et obligent la Société anonyme à exécuter les travaux d'établissement du du port et du chemin de fer de la Réunion moyennant un forfait, à leurs risques, périls et profits, de trente-quatre millions de francs (34,000,000 de fr.).

La Société anonyme est autorisée, soit à émettre directement, soit à faire émettre par une Société, des obligations ou parts d'intérêt, jusqu'à concurrence de la somme de quatre millions de francs, ou jusqu'à concurrence de la somme correspondant, d'après le taux auquel elle pourra les émettre ou faire émettre, à l'annuité ci-dessus indiquée de 1,925,0000 francs (amortissement compris).

La garantie de l'Etat, résultant des stipulations de l'article 3 ci-dessus, sera acquise aux titres émis à partir de leur émission et pendant toute la durée des concessions.

Durant la période de construction, l'Etat ne sera responsable, envers les porteurs d'obligations que des intérêts à 5,63 %, du montant des versements qu'ils auront effectué. Mais la garantie acquise immédiatement aux titres atteindra de plein droit son maximum de 1,925,000, francs à partir du commencement de l'exploitation.

Les conditions de la souscription des obligations seront soumises au Ministre, et cette souscription ne pourra être ouverte qu'avec son assentiment, et après que les actions de la Société auront été libérées de moitié.

La Compagnie devra appliquer le montant des versements opérés sur ses actions aux dépenses nécessitées pour l'exécution des travaux pendant la période de construction, mais elle ne commencera l'exploitation qu'après avoir versé, à titre de garantie, au trésor, qui lui en servira l'intérêt à 5 %, la somme de deux millions cinq cent mille francs (2,500,000 fr.)

L'Etat aura la faculté d'exiger que ce dépôt de garantie soit constitué en titres de rente ou autres valeurs agréées par lui. Il sera libre de rembourser ce dépôt, en totalité ou en partie, à telle époque qu'il jugera convenable.

Art. 7.

Les sommes successivement versées par les souscripteurs des titres émis en vertu de l'article 6 ci-dessus, seront déposées immédiatement au crédit de la Société anonyme, dans les caisses d'une ou de plusieurs Sociétés du crédit agréées par M. le Ministre de la Marine et des Colonies qui s'engageront à ne les remettre à la Société anonyme qu'au fur et à mesure de ses besoins et de l'avancement des travaux, ainsi qu'il sera réglé par le Ministre de la Marine et des Colonies.

Les intérêts de ce capital resteront libres au profit de la Société anonyme.

Art. 8.

Jusqu'à la réception définitive des travaux, et la mise en fonctionnement de l'exploitation, c'est-à-dire pendant toute la période de la construction, les intérêts 5 % du capital réalisé de la Société anonyme et les sommes nécessaires au service de l'intérêt et de l'amortissement des versements effectués sur les obligations ou parts d'intérêt, seront portés provisoirement et jusqu'à concurrence de quatre millions au compte des frais de construction et de premier établissement, qui en sera successivement déchargé, comme il sera dit à l'article 10.

La stipulation qui précède ne fera pas obstacle à l'exercice par les tiers, de la garantie résultant de l'article 3 qui précède, l'Etat demeurant toujours tenu, vis-à-vis de ces tiers, au payement, à défaut de la Compagnie, des intérêts des versements opérés par les obligations, pendant la période de construction, et ensuite, c'est-à-dire pendant l'exploitation, de la totalité des 1,925,000 fr. garantis, dans le cas où les produits nets du port et du chemin de fer n'atteindraient pas cette somme de 1,925,000 fr.

Art. 9.

Le Ministre de la Marine réserve à l'Etat le droit, s'il le juge à propos, la Société anonyme entendue, de faire exécuter, par les ingénieurs de l'Etat, telle partie des travaux du port et du chemin de fer qu'il jugera convenable, pour le compte et aux frais de la Société, qui sera tenue de faire en temps utile l'avance des fonds nécessaires.

En conséquence, les études définitives desdits travaux seront faites par les ingénieurs de la Société anonyme et à ses frais sous le contrôle des ingénieurs désignés par le Ministre de la Marine et des Colonies ; ces projets, appuyés de détails estimatifs, seront fractionnés par nature de travail, tels par exemple que : jetées du port, terrassement du port, traversée de la falaise, tunnels, construction de la plate-forme du chemin de fer, fourniture et pose des rails, expropriations. — Ils indiqueront l'ordre dans lequel ces travaux devront être exécutés et le temps assigné à l'exécution de chacun d'eux.

Les projets ainsi établis seront soumis à l'approbation du Ministre qui fera connaître alors à la Compagnie ses intentions quant à l'usage qu'il entend faire du droit réservé à l'Etat par le premier paragraphe du présent article.

Les évaluations qui résulteront de ces études serviront de base à la somme à forfait que la Société anonyme aurait à remettre à l'administration pour les travaux qui seraient exécutés par les ingénieurs de l'Etat, et ces travaux devraient être terminés dans les délais indiqués comme il est dit ci-dessus, ou tous autres qui seraient arrêtés de gré à gré entre le Ministre et la Compagnie.

Il est entendu que les conditions faites par les concessionnaires pour l'exercice du droit de préemption devront les obliger eux-mêmes à faire les travaux, fournitures de rails, etc., d'après le programme exigé de l'Etat, s'il usait de son droit de préemption.

ART. 10.

Les concessionnaires prennent à leur charge et à forfait l'obligation d'assurer, pendant la période de construction, le service des intérêts des capitaux engagés dans l'affaire, au moyen d'une subvention de quatre millions de francs que l'Etat leur versera par seizièmes semestriels, qui courront à partir de la promulgation de la loi approbative de la présente convention, à la charge par la Compagnie de justifier de l'exécution de un million de travaux pour chaque seizième dont il réclamera l'ordonnance.

Par suite, et pour décharger d'autant le compte des frais de construction et de premier établissement, chaque seizième versé sera porté au crédit de ce compte.

Si les quatre millions sont insuffisants pour le payement de tous les intérêts, la différence sera supportée par la Compagnie anonyme.

ART. 11.

Au cas où la Société anonyme que MM. A. Lavalley et E. Pallu de la Barrière se sont obligés à constituer par l'article 2 de la présente convention, n'aurait pas été constituée dans le délai d'une année à partir de la loi approbative des présentes, la présente convention sera considérée comme nulle et non avenue.

ART. 12.

La présente convention, les actes et délibérations portant concession à MM. A. Lavalley et E. Pallu de la Barrière des ports et chemins de fer dont il est question ci-dessus et tous actes portant approbation ou acceptation de ces concessions ainsi que l'acte de constitution de la Société, prévue dans l'article 6 ci-dessus, ne seront passible chacun que du droit fixe de 3 fr.

(Ce projet de convention a été délibéré et adopté par le Conseil d'Etat, dans sa séance du 3 août 1876.)

Déclaration d'utilité publique.
Loi et Convention.

Arrêté

Nous, Gouverneur de l'île de la Réunion,
Vu l'article 9 du sénatus-consulte du 3 mai 1854;
Vu la dépêche ministérielle du 4 septembre 1876;
Sur le rapport du Directeur de l'Intérieur,
Avons arrêté et arrêtons:

ART. 1er. — Est et demeure promulgué à l'île de la Réunion, pour être exécuté selon sa forme et teneur, le décret rendu par le Président de la République, le 19 août 1876, déclarant d'utilité publique l'établissement du port de la Pointe-des-Galets et du chemin de fer de Saint-Pierre à Saint-Benoit et concédant aux sieurs Lavalley et Pallu de la Barrière la jouissance gratuite, pendant 99 ans, des terrains qu'il sera utile de prendre pour le port et le chemin de fer sur la réserve du domaine public, dite des Pas Géométriques.

2. — L'Ordonnateur et le Directeur de l'intérieur sont chargés, chacun en ce qui le concerne, de l'exécution du présent arrêté qui sera publié, inséré au *Bulletin officiel* et déposé aux archives.

Saint-Denis, le 27 octobre 1876.

Signé: Faron.

Par le Gouverneur:
Le Directeur de l'Intérieur.
Signé: L. Laugier.

L'Ordonnateur P. J.
Signé: A. de Gaillande.

Ministère de la Marine et des Colonies,

Direction des Colonies,

Décret

Le Président de la République française,
Sur la proposition du Ministre de la Marine et des Colonies ;

Vu les délibérations par lesquelles le Conseil général de la Réunion a concédé aux sieurs Alexandre-Théodore Lavalley et Eugène-Emmanuel Pallu de la Barrière les travaux de construction et l'exploitation d'un port maritime à la Pointe-des-Galets et d'un chemin de fer destiné à relier ce port à Saint-Pierre et à Saint-Benoit en desservant tous les quartiers intermédiaires ;

Vu les acceptations par les sieurs Lavalley et Pallu de la Barrière des cahiers des charges de ces concessions et les accusés de réception par l'autorité locale de ces acceptations ;

Vu l'avis du conseil des travaux de la marine sur les projets techniques présentés par les concessionnaires ;

Vu les avis émis, au point de vue financier, par la commission chargée par le Ministre de la Marine et des Colonies, d'accord avec le Ministre des finances, d'examiner la demande d'une garantie de l'Etat formée par les sieurs Lavalley et Pallu de la Barrière ;

Vu l'article 6, § 9 du sénatus-consulte du 11 avril 1854 et l'art. 7 (§ final) du même sénatus-consulte ;

Le Conseil d'Etat entendu,

Décrète :

Art. 1er. — Est déclaré d'utilité publique l'établissement du port de la Pointe-des-Galets (Réunion) et du chemin de fer de Saint-Pierre à Saint-Benoit (même île), dont les travaux de construction et l'exploitation ont été concédés aux sieurs Lavalley et Pallu de la Barrière par les délibérations du Conseil général de la Réunion, en date des 25 juin 1874 et 27 novembre 1875.

Art. 2. — Est concédée aux sieurs Lavalley et Pallu de la Barrière la jouissance gratuite, pendant la durée de 99 ans assignée aux concessions précitées, des terrains qu'il sera utile de prendre pour la construction du port et du chemin de fer sur la réserve du domaine public, dite des Pas Géométriques.

Les terrains dont la jouissance est concédée seront délimités et leurs plans seront levés, aux frais des concessionnaires, par les soins du service des domaines de la Réunion de concert avec le génie militaire. Les procès-verbaux de ces délimitations et les plans annexés seront soumis au Gouverneur de la colonie qui, après les avoir approuvés en conseil privé, fera mettre en possession les concessionnaires.

Art. 3. — Le Ministre de la Marine et des Colonies est chargé de l'exécution du présent décret.

Fait à Paris, le 19 août 1876.

Signé : Maréchal de Mac-Mahon.

Par le Président de la République :

Le Vice-Amiral Sénateur,
Ministre de la Marine et des Colonies,

Signé : L. Fourichon.

Pour ampliation :

Pour le Conseiller d'Etat, Directeur de la comptabilité générale,

Le Sous-Directeur,

A. Cousin.

LOI

Relative a la création d'un port a la Pointe-des-Galets (Réunion), ainsi qu'a l'établisssement d'un chemin de fer reliant ce port a Saint-Pierre et a Saint-Benoit.|

Le Sénat et la Chambre des députés ont adopté,

Le Président de la République promulgue la loi dont la teneur suit :

Article unique

Est approuvée la convention annexée à la présente loi, passée le 19 février 1877 entre M. le Ministre de la Marine et des Colonies et MM. Alexandre-Théodore Lavalley et Eugène-Emmanuel Pallu de la Barrière, agissant tant pour leur compte personnel que pour le compte de la Société anonyme qu'ils se sont obligés à constituer pour la construction et l'exploitation d'un port maritime dans l'île de la Réunion au lieu dit la Pointe-des-Galets, et d'un chemin de fer destiné à relier à ce port tous les quartiers producteurs de l'île, depuis Saint-Pierre, jusques et y compris Saint-Benoît en passant par Saint-Denis.

A l'expiration du privilège accordé aux concessionnaires, le port et ses accessoires, cales, ateliers, constructions, matériel fixe et flottant d'exploitation feront retour à l'Etat dans les conditions indiquées au cahier des charges, sans que les concessionnaires puissent réclamer aucune indemnité.

La présente loi, délibérée et adoptée par le Sénat et

par la Chambre des députés, sera exécutée comme loi de l'Etat.

Fait à Versailles, le 23 juin 1877.

Signé : Maréchal DE MAC-MAHON,
Duc de Magenta.

Par le Président de la République :

Le Vice-Amiral, Ministre de la Marine et des Colonies,

Signé : GICQUEL DES TOUCHES.

Le Ministre des Finances,

E. CAILLAUX.

La convention que nous avons reproduite plus haut, annexée au projet de loi, a été signée par MM. A. Lavalley et E. Pallu de la Barrière, le dix-neuf février mil huit cent soixante-dix-sept.

CABLE TÉLÉGRAPHIQUE SOUS-MARIN

SONDAGES DANS LA BAIE DE SAINT-PAUL

En 1873, la Chambre de commerce de la Réunion reçut de la part de plusieurs sociétés anglaises des propositions tendant à faire participer la colonie aux frais d'établissement d'un câble sous-marin qui, comprenant Bourbon et Maurice, devait relier télégraphiquement ces deux colonies avec le Cap, Natal et Aden ou Ceylan.

En même temps, le département de la marine transmettait au gouvernement colonial des propositions de même nature, et demandait l'avis du Conseil général pour savoir dans quelle proportion la colonie était disposée à contribuer à cette installation.

Il eût été téméraire et même impossible à l'industrie privée de prendre l'initiative d'une entreprise aussi vaste, sans un appui effectif de la métropole ou de la colonie.

Plusieurs systèmes financiers pour se procurer

les fonds nécessaires à la coopération du pays furent produits et discutés dans la presse.

Avant que la proposition ne fût soumise au Conseil général, je publiai l'article que l'on va lire afin que l'on ne fût pas surpris par un projet qui, en apparence, pouvait paraître au-dessus de nos ressources :

« L'installation d'un câble télégraphique sous-marin est de tous les projets nouvellement présentés dans la colonie, celui pour lequel l'opinion publique est le mieux préparée, et toute réclame inutile ;

Unanimement on reconnaît l'impérieuse nécessité de la voir comprise dans la grande opération qui est en voie de réalisation et qui consiste à relier le Cap, Natal, la Réunion, Maurice et Aden ou Ceylan.

Le moment est opportun pour l'île de la Réunion de ne pas laisser échapper l'occasion de se faire comprendre dans cette vaste entreprise.

Il y a ainsi une grande économie dans les frais généraux qui seraient répartis sur toute l'opération. Un câble particulier pour Maurice et la Réunion coûterait à peu près la même somme que celle qui nous est réclamée ; il aurait tous les inconvénients de l'isolement : qu'une guerre maritime vienne à éclater, toute communication serait interrompue pour la Réunion, tandis que Maurice profiterait seul des avantages précieux de la communication électrique. Autre inconvénient encore plus grave de l'isolement : la Réunion faisant partie de toute la ligne du Cap à Aden jouirait du bénéfice de l'installation générale et n'aurait pas à craindre les interruptions du fait des accidents de mer ; trop d'intérêts seraient en souffrance pour qu'une prompte réparation se fît attendre. Il n'en serait pas de même s'il s'agissait de la réparation d'une ligne particulière entre Maurice et la Réunion.

L'attérissage est la grande difficulté de la pose d'un câble sous-marin ; la plage sablonneuse et unie de Saint-Paul, ou celle de la Pointe-des-Galets, est merveilleusement disposée comme point d'attache. Là, pas de madrépores ni de rochers qui corrodent et coupent le fil ; celle de Saint-Paul est la seule de la colonie contre laquelle la Société anglaise ne pourrait soulever d'objection comme point d'arrêt.

Il est inutile de chercher à établir que cette immersion de câble est indispensable sur nos côtes, tant au point de vue humanitaire qu'au point de vue commercial et agricole ; tous reconnaissent l'indispensable utilité d'être relié avec le monde entier.

La seule question à examiner est de savoir comment trouver les moyens financiers pour la mettre à exécution.

M. Z. Bertho a fait à la Chambre de commerce,

au nom de la Compagnie « *Telegraph Construction and Maintenance* » une proposition plus précise que celle des deux autres sociétés qui s'engagent à mener à bonne fin l'entreprise projetée. Cette Société, évaluant à 1,500,000 francs le coût du câble qui doit relier les deux colonies, demande à la Réunion de lui allouer soit une garantie de revenus de 10 o/o sur le capital approximatif de la dépense, soit une subvention fixe de 5 o/o ou 75,000 fr. Cette dernière proposition paraît préférable, parce qu'elle détermine de suite le chiffre à payer, chiffre moins difficile à trouver pour le moment.

Bien que très élevée, cette garantie n'est pas au-dessus des ressources de la colonie, eu égard aux grands intérêts que cette œuvre est appelée à sauvegarder.

A une époque plus prospère, la colonie a pu donner à la Société *Péninsulaire et Orientale* une subvention de 300,000 francs pour avoir une communication mensuelle avec la France ; elle peut bien aujourd'hui, quoique très gênée, servir un intérêt annuel de 75,000 francs pour jouir d'une communication de tous les instants avec le monde entier.

M. Bridet a tranché en grande partie la difficulté financière de l'opération. Il a émis l'avis que l'on pourrait donner satisfaction à la Société « *Telegraph Construction and Maintenance*, et se procurer les 75,000 francs exigés, en demandant qu'un droit de 30 centimes par tonneau fût frappé sur les navires mouillant sur les rades de la colonie. Ce droit procurerait une ressource d'environ 25,000 francs. L'agriculture pourrait supporter la même charge en portant celui de sortie à 4,19 0/0 au lieu de 4,02 0/0 ; augmentation donnant encore une somme de 25,000 francs. M. Bridet ajoute que les sociétés d'assurances maritimes devraient parfaire la somme de 75,000 francs.

Je ne partage pas son illusion à l'égard de la générosité des compagnies d'assurances maritimes qui, garanties entre elles contre les chances de mer, assurent quand même pour toutes les rades. Ce n'est là pour elles qu'une surélévation de prime. Peu leur importe qu'il y ait ou non une communication électrique de l'Europe à la Réunion. Si une rade existait près de Charybde ou de Scylla, on trouverait, j'en suis certain, une Société qui assurerait pour ces écueils réputés jadis inhospitaliers.

Il ne faut donc pas songer à trouver de ce côté les 25,000 francs nécessaires pour compléter la garantie des 75,000 francs dont il s'agit.

Pour obtenir ces 25,000 francs complémentaires de la garantie de 75,000 francs, l'on pourrait les demander aux consommateurs de riz, en augmentant de 0,07 centimes les 0,30 centimes de droit d'octroi, qui grèvent les 100 kilogrammes de cette denrée à l'entrée.

De cette manière, tous les intérêts qui profiteraient du câble sous-marin : agriculture, commerce et marine, supporteraient par portions égales les frais d'une installation dont ils sont tous appelés à bénéficier. La somme nécessaire étant trouvée, la difficulté de l'installation est de suite levée.

La proposition qui sera faite au Conseil général, pour l'étude du câble sous-marin, sera sans doute l'une des plus importantes que cette assemblée aura à examiner dans sa prochaine session (1873).

Un vote de sympathie ou d'encouragement ne suffit pas ; les maisons anglaises sont positives et demandent davantage ; il faut entrer résolument dans la voie d'exécution.

L'intérêt de la colonie étant évident dans l'œuvre projetée, tous étant d'accord sur son utilité, le moyen de la réaliser trouvé, il faut aller vite en besogne et se mettre immédiatement en relation avec la société qui s'engage à immerger le câble international sous-marin. »

Le Conseil général saisi de la proposition de l'installation du câble sous-marin, le 7 octobre 1873, une commission fut nommée et chargée d'examiner celle faite par l'une des sociétés anglaises, le *Hooper telegraph works limited ;* j'en fus nommé rapporteur ; à l'unanimité, elle conclut

qu'il y avait utilité pour la colonie de faire partie de l'entreprise et vota pour qu'on accordât à la Société du *Hoopers* un subside de 62,500 francs pendant dix années ; entre autres considérations, le rapport faisait remarquer « que l'île de la Réu-
« nion jouissait déjà d'un télégraphe aérien,
« qu'avec le câble sous-marin elle complétait
« ses moyens de communication rapide à l'inté-
« rieur et à l'extérieur, et se rapprochait de la
« mère patrie à laquelle elle est attachée par tant
« d'affinité. »

En conséquence du vote favorable du Conseil général, un traité fut conclu le 31 juillet 1874, entre la Compagnie anglaise « *Hoopers telegraph works limited* » représentée par M. John Coles, agent et mandataire de cette Compagnie, et M. Laugier, directeur de l'intérieur au nom de la colonie.

La Compagnie du *Hoopers* se mit aussitôt à l'œuvre ; le 9 septembre 1874, M. Coles arrivait à Saint-Paul sur le chasse-marée le *Telegraph*, et commençait ses opérations de sondage, que nous suivîmes avec le plus grand intérêt à bord du petit bateau.

La réussite des expériences de M. Coles fut complète ; le lieu d'attache fut choisi dans l'enfoncement de la baie, à l'endroit dit « *la Petite Anse.* »

Nous rendîmes compte, dans les journaux, des

opérations auxquelles s'était livré M. Coles, compte-rendu que nous publions ci-après :

« Tous les amis du progrès ont suivi avec le plus vif intérêt les sondages faits la semaine dernière dans la baie de Saint-Paul. M. J. Coles est arrivé sur notre rade le 9 courant, à bord du chasse-marée le *Telegraph*, approprié pour les travaux préparatoires à exécuter sur le parcours que doit suivre le câble sous-marin pour venir attérir à la *Petite-Anse*.

Les opérations ont commencé à environ deux milles du pavillon du port, par des profondeurs de 30 à 40 brasses, et se sont prolongées jusqu'à la ligne de l'horizon, à trois milles au-delà de la Pointe-des-Galets. La plus grande profondeur trouvée, à cinq milles du Pavillon du Port, a été de 450 brasses. Ces sondages se sont dirigés de la Petite-Anse en suivant la direction, environ N. 15° E.

Le résultat de ces différentes expériences a prouvé que les fonds de la baie de Saint-Paul, en se dirigeant vers le large, descendent en pente douce et unie.

La sonde a constaté un fond de sable de 30 à 100 brasses ; jusqu'à 450 brasses, fonds de même nature, recouverts d'une forte couche de vase noire qui forme le lit le plus favorable pour coucher le câble.

M. J. Coles nous a déclaré que ces sondages

sont très satisfaisants et l'ont amené à constater que nulle part, dans la mer des Indes, il n'en avait rencontré de meilleurs.

L'appareil dont se sert l'opérateur est des plus ingénieux ; il se compose d'un tube en cuivre surmonté d'un compteur mu par une hélice mise en mouvement par la traction du poids de la sonde, poids que l'on augmente au moyen d'anneaux en plomb, suivant la profondeur qne l'on veut atteindre. Cette tige se détache de la ligne, sans cependant s'en séparer complétement, aussitôt qu'elle touche le fond. Le choc décroche un ressort qui vient buter contre l'une des ailes de l'hélice et arrête le compteur juste à l'endroit atteint par l'instrument.

M. Coles est parti le 14 courant pour Diégo-Garcia, terme de ses expériences de sondage, qu'il a continué tout en s'éloignant de la baie de Saint-Paul ; de Diégo-Garcia, il ira aux Seychelles, où il attendra la malle d'octobre pour se rendre en Europe.

Puisque nous sommes en plein câble, quelques renseignements relatifs à sa prochaine installation peuvent intéresser.

M. Coles va présider au chargement du *Hooper*, navire devant servir à emmagasiner le câble qui s'immerge absolument comme l'araignée se dévide de son fil.

La longueur du câble du Cap à Ceylan, en passant par les stations intermédiaires de Natal, Réunion et Maurice, est de 5,112 milles marins ; le poids du mille est de trois tonneaux, soit en totalité 15,336 tonneaux ou 15,336,000 kilogrammes. Ce chargement fera l'objet de deux voyages du *Hooper* et d'un autre vapeur de moindre grandeur.

Le *Hooper* est un magnifique navire jaugeant 5,450 tonneaux ; il a été spécialement construit pour la pose des câbles ; il en porte 10,000 pieds cubes de plus que le *Leviathan*, qui n'a été approprié pour ce genre d'opération qu'après son lancement à l'eau. Le *Hooper* renferme trois bassins ou réservoirs de 51 pieds de diamètre sur 35 pieds de profondeur, où est lové le fil. Lui et son bateau partiront de Londres avec leur premier chargement dans la première quinzaine de février de l'année prochaine et viendront directement à Saint-Paul, par le cap de Bonne-Espérance. Le tonnage de cet immense navire, augmenté de son chargement, ne lui permettra pas de passer par le canal de Suez ; arrivé à Saint-Paul dans les premiers jours d'avril, il commencera à défiler son chargement en partant de la *Petite-Anse* et ira l'attacher à la *Baie du tombeau*, lieu de son atterrissage à Maurice ; de là, il se rendra à Ceylan. Le navire étant lège, il passera par le canal de Suez pour aller se remplir de nouveau à Londres et reprendre son opération d'immersion à partir du Cap Urban, pour venir rejoindre le tronçon fixé à la *Petite-Anse*, à deux kilomètres S. O. de Saint-Paul.

Voilà donc l'opération jugée folie, il y a dix ans bientôt, près de se réaliser. M. Coles fait espérer que le câble fonctionnera en juin prochain entre la Réunion, Maurice et Ceylan, et vers la fin de l'année 1875 jusqu'au Cap ; nous lui souhaitons bon voyage, fonds de vase noire partout comme à Saint-Paul, et surtout prompt retour... »

Le succès de l'entreprise était certain lorsque bientôt nous apprîmes que la Société Hoopers n'était plus en mesure de mettre à exécution la pose du câble sous-marin projeté.

La colonie, en perdant l'espérance de voir réussir l'installation du câble, reçut (très faible compensation à sa déception) de la maison Hottinguer, de Paris, la somme de 25,325 francs, comme indemnité de non exécution du traité intervenu entre elle et la Société du Hooper.

Tout espoir n'est pas perdu ; la Réunion et Maurice ne peuvent rester isolés. Ce projet de câble sous-marin n'est qu'ajourné, espérons qu'un plus heureux assistera à l'inauguration de la vaste entreprise, momentanément abandonnée, vers laquelle tourneront toujours nos vues et nos espérances.

LES
EMBARRAS DES PONTS DE St-DENIS

Hâtez-vous, le temps presse.

GRACE au droit de phare, la ville de Saint-Denis jouit d'un pont de débarcadère magnifique qui semble défier les raz de marée et les ouragans ; quand je dis la ville de Saint-Denis, j'entends donner à cette expression le sens le plus exclusif ; car, pour le moment, la capitale seule profite de cette œuvre magnifique sortie de l'usine Fives-Lille.

Chacun avait le droit de penser qu'il ne devait pas servir que de lieu de promenade pour les élégantes et les dandys de la ville fortunée de Saint-Denis, mais bien aussi pour faciliter le débarquement des voyageurs que le bateau *Vinchant* porte et rapporte matin et soir de la Possession à Saint-Denis.

Un pont, qu'il soit en fer ou en bois, n'est pas seulement un objet de luxe et de promenade ; sans quoi il faudrait le mettre dans un étui comme le désirait Charles-Quint pour la conservation du campanile du dôme de Florence, œuvre immortelle du Florentin Giotto ;

Il a une autre destination, c'est de servir à faciliter les embarquements de toute nature, et des colis qui se présentent sur la rade de Saint-Denis, à plus forte raison lorsque ces colis sont représentés par la gent provinciale ; quoique provincial, l'on n'a pas moins contribué à la construction de ce pont qui fait l'orgueil des flâneurs de la capitale.

Quoi, demandais-je ? Pourquoi ne débarque-t-on pas au pont en fer ?

Pour plusieurs raisons, me répondit-on :

D'abord, il n'est pas marin ; il n'est pas construit au point de vue des besoins d'une rade qui, souvent agitée par les vents et les flots, fait ressembler les navires à l'ancre, tirant sur leurs chaînes, à des chevaux se cabrant au piquet.

L'administration coloniale avait envoyé en France un projet qui a été modifié dans l'ignorance où l'on est, à ce qu'il paraît, dans la mère-patrie, que l'on n'accoste pas sur nos rades comme on approche des ponts qui sont construits sur les fleuves et dans les ports de mer.

En effet, le T mis en tête du nôtre semble lui donner un peu plus de solidité, mais il nuit à l'accostage, et expose infailliblement les embarcations à se voir prises entre les ailes du T et le rivage.

La bévue étant faite, il fallut approprier celui

que nous possédons, en modifier l'approche, orienter l'échelle de manière à en rendre l'accès possible.

Grâce au service des ponts et chaussées, tant bien que mal, on a rétabli l'escalier à peu près à l'endroit voulu.

— Bien, disais-je, pourquoi n'y débarque-t-on pas à présent ?

— Ah ! me dit-on, il y a bien d'autres raisons à vous donner.

— D'abord, il n'y a pas d'aiguade pour faire l'eau du bateau.

— Cela se fera, le service local ou la municipalité s'en chargera.

— Il n'y a pas de bigue pour protéger l'accostage, et empêcher que le bateau ne vienne s'engager sous le plateau de l'escalier.

— Ceci peut être fait.

— Mais vous n'êtes pas à bout de comptes, me dit mon interlocuteur.

— Vous ne savez donc pas qu'il est défendu de porter des colis, du charbon sur le pont dans la crainte d'encombrer, et de salir le parquet de cette promenade publique ; du reste, l'inconvénient est mince ; il ne servirait guère qu'à quelques Saint-Paulois et autres provinciaux de la partie Sous-le-vent.

— Quoi ! l'on ne craint pas de voir salir les passagers qui débarquent au milieu des ordures de toutes sortes qui encombrent celui qui est affecté aux voyageurs-colis, et l'on redoute un peu de poussière de charbon pour les promeneurs qui n'ont pas impérieusement besoin de s'y trouver.

— Vous parlez bien à votre aise, vous de la province ; vous ne doutez de rien.

— Eh bien ! soit pour les flâneurs ; il ne faut pas les gêner ; ce cas peut être grave ; on peut cependant remédier à l'inconvénient que vous me signalez ; le moyen est bien simple :

— La direction du port a un personnel de canotiers qui n'a pas grand chose à faire à la fin de la journée; ne pourrait-elle pas, tous les soirs, faire donner par eux un coup de balai sur le parquet du pont, et le faire arroser légèrement? Tout serait ainsi pour le mieux sur le meilleur des ponts.

— Vous parlez bien à votre aise...

Notre conversation à bâtons rompus prit fin ; en venait de bousculer les dernières valises jetées aux pieds des voyageurs.

A propos de l'exercice gymnastique imposé aux voyageurs du bateau *Vinchant*, à leur débarquement, permettez-moi de vous conter une histoire vraie, arrivée à votre serviteur :

La petite mouche à vapeur qui sert à transporter les voyageurs allant de la Possession à Saint-Denis, œuvre de progrès s'il en fut, due à l'initiative d'un habitant de l'*Etang*, arrivait au pont Protet, jetant au vent son dernier panache de fumée ; déjà elle avait lancé son coup de sifflet déchirant, réveillé ses voyageurs engourdis par le mal de mer.

Il ventait frais, la mer était houleuse, le petit bateau, après bien de la peine, finit par se faufiler au milieu des grosses chaloupes qui entouraient le lieu de débarquement.

En temps ordinaire, lorsque la mer est basse et agrémentée de fortes houles, il n'est pas commode d'enjamber du bateau sur le palier du débarcadère pour des femmes, des enfants et même des obèses ; jugez de l'embarras qui se présentait.

Le vapeur avec peine approche, impossible d'accoster davantage. Une grosse chaloupe pansue remplie de poissons *snoock*, n'avait pas fini son déchargement, et tenait à ne pas l'interrompre.

Que faire dans cette occurrence ? songer ! on n'en avait pas le loisir ; force fut aux voyageurs étourdis par le mal de mer, et titubant, d'enjamber du bateau à vapeur dans la chaloupe à *snoock* et d'y patauger ; de ce foyer d'infection, passer sur le pont ; c'en était trop.

Au sortir du bateau à poissons salés l'on pouvait suivre les voyageurs débarqués au parfum chinois.

Cet état de choses ne peut durer.

— Je dis à l'administration à laquelle incombe le soin d'approprier le pont de l'embarcadère luxueux que nous possédons :

— Service local, municipalité ou direction du port :

— Hâtez-vous, le temps presse et délivrez-nous du *snoock*.

Ainsi soit-il.

LA NUIT TERRIBLE

C'ÉTAIT dans la nuit du mardi au mercredi 22 décembre 1876. Une trombe est venue se déchaîner sur la colonie et occasionner des désastres dans la Partie du Vent de Saint-Benoît à la Possession inclusivement, comme si la tempête, dans sa fureur, avait voulu respecter le futur abri maritime projeté à la Plaine des Galets, dans la belle baie de Saint-Paul.

Le bourg de la Possession est le lieu de réunion de tous les marchands maraîchers qui approvisionnent Saint-Denis; tous les soirs, de grands chariots, partant de la place du bazar de Saint-Paul, se rendent à la Possession; ces chariots, dans leur trajet, récoltent tous les paniers de fruits et de légumes qui attendent sur la chaussée le passage du véhicule populaire (le chariot est la voiture du pauvre, le transport à bon marché). Ils correspondent à la Possession avec des bateaux de trois à quatre tonneaux à larges flancs, peu marins, construits plutôt pour porter beaucoup que pour tenir la mer.

Depuis Savinien Vincent, environ 60 ans, cette installation de batelage existe; le progrès est resté stationnaire de ce côté; sur ces bateaux, qui partent toujours à charge complète, prennent passage les bazardiers, le menu peuple et quelques voyageurs attardés.

Ce transit nocturne rend la Possession très agitée de 11 heures à minuit; à cette heure, tout est bruit et mouvement; les patrons réveillent leurs marins endormis, les chariots opèrent leur déchargement, les bateaux s'emplissent au milieu du bruit, des cris que font porcs, canards et cabris, marchandises bruyantes destinées à l'alimentation de la capitale; celle-ci, plongée dans le repos, ne se préoccupe guère du brouhaha qu'elle occasionne à cette population besogneuse. Zoé prépare à ce moment son café, le meilleur sans doute que l'on boit dans la colonie.

Ce soir, le temps était beau, calme précurseur de la tempête, l'air chaud, le baromètre haut; sans quoi le surveillant de rade n'eût pas permis le départ aux bateaux placés sous sa garde.

Malgré cette apparence de beau temps, le prudent Lafleur n'était pas rassuré :

— « *Il fera peut-être mauvais, là-haut, cette nuit, dit-il.*

— « Pars donc, lui aurait répondu quelqu'un dans la foule, le fret est beau aujourd'hui; tu te trompes, tu prends l'envie de rester dans ta *case* pour un mauvais pressentiment. »

On balance les bateaux.

Commence alors ce jet à la mer sur les galets de la plage, moyen barbare pratiqué à la Possession depuis près d'un siècle, pour mettre les embarcations à l'eau, lancement qui occasionne toujours un saisissement, une sensation désagréable aux voyageurs.

On part. Chacun se tasse comme il peut; on s'arrange pour passer, le moins mal possible, une mauvaise nuit; l'on s'endort.

La pluie commence à tomber et accompagne les voyageurs qui vont, sans se douter, au devant de la tourmente.

Les marins, trempés jusqu'aux os, ne font pas retentir les échos de la montagne de leurs chants ordinaires si originaux, chants moitié malgaches, moitié créoles; l'on n'entend que le bruit régulier de l'aviron et le clapotement de la lame le long du lourd bateau.

Bientôt s'élève un vent de S. O. qui, à cette heure, souffle rarement; cette brise pousse vite les bateaux vers la rade de Saint-Denis; ce beau temps trompeur prend subitement une mauvaise apparence, à partir de l'endroit appelé la « *Pointe du Chiendent.* » Le vent souffle à tempête, la mer est démontée. Virer de bord est impossible pour ces longs bateaux.

Grâce à la brise favorable, nos embarcations sont déjà sur la rade de Saint-Denis quand subitement éclate la tempête. Se diriger à grands renforts de rames vers les navires au mouillage est la seule ressource de nos malheureux voyageurs.

Alors commence le sauvetage, un véritable abordage de nuit, un sauve-qui-peut général. On accoste à tous risques un navire qui se débat pour se dégager de sa chaîne; celui-ci lance des cordes aux voyageurs qui grimpent comme ils peuvent dans l'obscurité, au milieu des cris, des sifflements du vent. Cette scène d'épouvante n'est éclairée que par les éclats de la foudre et troublée que par les coups de canon du port, ordonnant et pressant l'appareillage.

Le sauvetage de chaque bateau est une véritable odyssée : la *Rose*, le premier arrivé en rade, est le dernier rallié, à lui sont attachées nos plus chères affections, nos plus vives appréhensions; après avoir tenté inutilement un débarquement, il se dirige sur le brick *l'Elisa*.

Un autre va sur le navire le *Rigault-de-Genouilly*; la *Fleur* est emportée au large comme la feuille enlevée par l'ouragan et que le torrent entraîne au loin. Le désespoir s'empare de l'équipage, sourd à la voix du patron qui le rappelle au devoir et l'encourage; jouet des vents et des flots, ce bateau dont le sauvetage semble miraculeux, se trouve vers le matin, par hasard, dans les eaux du *Peapody*, qui recueille équipage et passagers.

Ce navire, déjà parti pour France, trouve le moyen de concilier l'intérêt de son armement avec les devoirs que lui impose l'humanité.

Reste le bateau la *Reine Indienne*, qui s'attache au *Bernica*, le dernier navire en rade, sa seule espérance.

Une première fois l'amarre se casse, il se trouve rapporté sur ce navire, qui lui jette ses cordes de sauvetage.

En ce moment a lieu la scène la plus émouvante, la plus horrible, scène de désespoir d'un côté, de résignation sublime de l'autre. A grands renforts de gymnastique, voyageurs et marins arrivent *en pagaille* sur le pont ; Janvier Xavier, le patron, est à son poste, où le devoir le retient ; dix fois il aurait pu se sauver comme l'a fait son équipage ; il est toujours calme à la barre, pressant le sauvetage des personnes confiées à sa garde. Il ne quittera son bateau que lorsque tous ses passagers seront en sûreté. Dans le fond de l'embarcation se trouvent deux voyageurs : un jeune homme dont les membres paralysés par le froid de la fièvre ne lui permettent pas de s'élancer sur une corde, et une femme âgée, respectable mère de famille, que ses forces abandonnent :
« Montez, Madame, » lui dit Janvier.

— « Je ne puis, le navire est trop haut, je n'ai plus que la force de dire mon chapelet et de mourir.

— « Montez vite, lui répète Janvier, il n'y a pas un moment à perdre.

La tourmente est à son comble, le navire *tangue* plus fortement ; le bateau reçoit une dernière secousse, l'amarre se casse ; la mer en furie engloutit tout ce qui en reste....

Qui n'admirerait la conduite de Janvier ? il meurt pour avoir voulu accomplir son devoir jusqu'au bout.

Baudin fait voir à la France, surprise et atterrée, comment un député meurt pour 25 francs par jour ; le modeste et héroïque patron montre à la colonie comment on sait aussi mourir pour 3 fr. par jour en faisant son devoir.

Que se passait-il en ce moment?

Pendant cet émouvant sauvetage dont nous venons d'écrire certains épisodes, le cyclone se déchaînait sur la colonie de Saint-Benoît à Saint-Denis ; Saint-Paul perdait à peine quelques fruits ; dans la rade de Saint-Leu, les établissements de batelage n'avaient pas cessé de travailler ; Saint-Louis et Saint-Pierre étaient seulement arrosés par une pluie torrentielle.

A Saint-Denis, la violence du vent était extrême, plusieurs maisons s'écroulaient, le lycée, la cathédrale étaient découverts ; les couvertures en zinc, que le vent épluchait et effeuillait, étaient jetées au loin.

Ce dernier ouragan a condamné à jamais les

couvertures autres que celles en bardeaux, surtout pour les longs édifices.

Aujourd'hui, les derniers naufragés sont arrivés dans la colonie ; sur 106 personnes disparues dans la tourmente, 103 sont sauvées.

Le brick l'*Elisa*, poussé jusqu'à la côte de Madagascar, a atterri à Tamatave, où ses passagers ont trouvé la plus cordiale hospitalité, chez notre agent consulaire, M. Soumagne.

UNE HÉROINE CRÉOLE

EN novembre 1870, la France accablée par les forces allemandes luttait encore contre les événements militaires qui devaient la mettre à la merci d'un vainqueur enivré de ses succès. Le 15e corps d'armée, commandé par le général Bertrand, manœuvrait, ainsi que le 18e sous les ordres du général Cathelineau, entre Gien et Montargis, pour éclairer la forêt de Fontainebleau.

L'armée prussienne avait forcé l'armée française, commandée par le général d'Aurelles de Paladines à abandonner Orléans. Pithiviers était au pouvoir de l'ennemi dont le premier soin fut de prendre possession du bureau du télégraphe, et d'y installer une administration prussienne.

La directrice du télégraphe de Pithiviers était, au moment de l'occupation de cette ville, une jeune fille de 20 ans, Mlle Juliette Dodu, créole de la Réunion, qui, en abandonnant son bureau, avait eu soin d'emporter sous son châle un appareil de réception et de le placer dans la chambre, qui lui servait de logement, au premier étage de la même maison; là, passait le fil de la station.

Attacher, au-dessus et au-dessous de l'isolateur, un fil mettant en communication les appareils de transmission qu'elle avait soustrait à la vigilance des Prussiens, était une action aussi simple que périlleuse qui permettait de dérober ainsi à l'ennemi ses confidences militaires. Car, la courageuse jeune fille risquait d'être découverte soit par trahison, comme cela est arrivé, soit par l'agent télégraphique prussien qui, placé dans l'appartement inférieur où il avait établi son bureau, pouvait s'apercevoir, par la faiblesse du courant qui lui arrivait, qu'une partie en était détournée en route.

Le danger de cette entreprise n'arrêta pas Mlle Juliette Dodu.

De même que la vierge de Domremy assise à l'ombre de *l'arbre des fées,* sur la côte du *Bois-Chenu,* solitaire et rêveuse au récit des malheurs de la France, songe à voler au secours du roy, son gentil Dauphin, la vierge créole, anxieuse et malheureuse des désastres de la patrie, bondit à la vue d'une dépêche. C'était l'avis transmis par l'état-major prussien, établi à Orléans, au prince Frédéric-Charles à Pithiviers, lui indiquant la position d'un corps français en marche sur Gien. Les manœuvres des Prussiens tendaient à envelopper le corps d'armée compromis, et à le rejeter sur Orléans, occupé par eux.

Il fallait, à tout prix, signaler le danger au corps d'armée menacé. La dépêche allemande, reproduite sur les bandes de son appareil morse, fut portée au sous-préfet alors tenu en chartre privée dans la ville et communiquée au général Bertrand qui fut ainsi sauvé d'un danger imminent ; il put ensuite repasser la Loire à Sully, et reprendre en arrière du fleuve son ordre de bataille.

Trahie par une domestique qu'avait alléchée l'appât du gain, Mlle Dodu fut condamnée à mort, et allait être fusillée ; mais arriva à temps l'armistice.

Interrogée sur son imprudence et sur le danger qu'elle avait couru et fait courir à sa mère, que répond l'héroïque créole ?

« Je suis française et ma mère aussi. »

Voilà les faits tels que les journaux nous les on rapportés.

Le vrai mérite est modeste.

Le bruit de cet événement mit du temps à traverser l'épaisse couche de solliciteurs empressés qui encombrent d'ordinaire l'Elysée.

Cet acte d'héroïsme resta ignoré ; il arriva enfin à M. le Maréchal de Mac-Mahon qui décora Mlle Juliette Dodu de la médaille militaire, tardive récompense que la Société Nationale d'encouragement de France a tenu à compléter en lui décernant une couronne civique avec cette glorieuse légende :

« A Mlle Juliette Dodu, née à l'île de la Réunion, pour avoir, au péril de sa vie, prouvé à l'ennemi, en novembre 1870, à Pithiviers, ce que peut une Française qui a au cœur l'amour de la patrie. »

Nous, compatriotes de Mlle Juliette Dodu, devions-nous faire moins pour elle que la mère-patrie ?

Ce vœu, émis par nous, obtint le succès qu'il méritait :

Le conseil général, dans sa séance du 24 juillet 1878, vota une médaille commémorative à Mlle Juliette Dodu.

La croix de la Légion d'honneur lui fut accordée par le gouvernement de la République, suivant décret du 30 juillet 1878.

INAUGURATION

DU TOMBEAU DE E. DAYOT

Le 10 juin 1878 a eu lieu, à Saint-Paul, l'inauguration du monument élevé à la mémoire d'E. Dayot. Un nombreux concours de population jaloux de rendre hommage au poète saint-paulois avait répondu à l'appel de ses amis.

Les restes mortels du défunt ont été transportés de son ancienne tombe dans celle nouvellement construite dans la principale allée du cimetière.

Avant de descendre le cercueil dans l'élégant caveau construit avec le produit de la publication des œuvres choisies du poète, M. Emile Bellier a prononcé le discours en vers que nous publions dans ce chapitre ; nous faisons suivre cette publication de notre discours ; ensuite M. Milhet, maire de Saint-Paul, a retracé en quelques paroles le rôle qu'a rempli Dayot dans la presse coloniale de son temps.

A LA MÉMOIRE DE DAYOT

I

Certe, il est juste et bon qu'on fasse, ô mon pays,
Un cortège pompeux, de belles funérailles
    A ces héros qui, par le sort trahis,
    Par la mort du moins furent obéis
Et tombèrent sanglants sur les champs de batailles !

Il est juste qu'on leur ouvre le Panthéon,
Qu'on marque d'un laurier leur place dans l'histoire,
    Qu'on grave en or sur le marbre leur nom,
    Qu'on les acclame et qu'au bruit du canon,
La foule accourre et vienne et fête leur mémoire.

O mes frères ! O morts sacrés ! ce n'est pas moi
Qui vous refuserai la couronne de chêne,
Moi qui, quand vous partiez, en ces jours pleins d'effroi
Où la patrie en deuil pliait aux pieds d'un roi,
M'indignais du hasard qui sur ces bords m'enchaîne !

II

[ceux-là ?
Mais quoi ! n'aurons-nous donc des chants que pour
N'est-il d'autre vertu que la vertu guerrière ?
Et ces penseurs sur qui le noir destin croula,
Ces fronts penchés qu'une ombre éternelle accabla,
Ne les rendrons-nous donc jamais à la lumière ?

Quoi ! le devoir obscur, simplement accompli,
Devra de la mémoire humaine disparaître
Comme une barque passe, et sans laisser de pli ?

Quoi donc! ils seront tous réservés à l'oubli,
Les humbles, les petits et les meilleurs peut-être ?

Et l'acceptation tranquille du malheur,
Et les grands dévouements faits de deuils et de larmes?
Et le rayonnement par-dessus la douleur
D'une âme épanouie en sa céleste fleur,
Ne vaudraient pas, mon Dieu! l'éclat bruyant des armes?

   O sombre loi que contre lui
   Hélas! l'homme lui-même a faite!
   Tout nous inspire de l'ennui
   Et nous n'admirons que celui
   Qui sut escalader le faîte!

   Que nous veux-tu, poète obscur,
   Qui n'eus ici-bas d'autre joie
   Que ta tendre mère — et l'azur
   Où tu puisais ton vers si pur
   Qu'une larme à chaque instant noie?

   Que nous veux-tu, toi qui n'eus rien
   De ce qui plaît aux multitudes,
   Qui ne fus qu'un homme de bien,
   Sans éclat, d'un pauvre maintien,
   Chercheur hagard des solitudes?

   Et que nous parles-tu toujours
   De tes sombres mélancolies?
   Les hommes d'aujourd'hui sont sourds,
   Et ce siècle poursuit son cours
   Sans s'attarder aux homélies.

   A quoi sert de gémir ainsi?
   Si tu souffres, que nous importe?

Avons-nous le temps, songes-y,
De prendre tes maux en souci
Nous que le temps rapide emporte ?

Ah ! laisse-nous et pense au ciel,
Seul séjour de paix et de calme,
Et, sans mêler à notre miel
L'amertume d'un mal cruel,
Du martyre cueille la palme !

III

Ainsi parle, ô poète, un monde indifférent.
Ainsi le bruit plaintif du frais ruisseau qui coule
N'éveille rien au cœur du voyageur errant.
Ainsi la violette au parfum enivrant
N'a jamais attiré les regards de la foule !

Et tu t'en es allé, — voilà vingt ans ! — mourir
Silencieusement dans le froid cimetière
Où parmi quelques fleurs on voit l'herbe courir,
Et de toi sur la terre où tu vins pour souffrir
Il ne resta plus rien que ta maigre poussière !

Plus rien.... pas même un souvenir....
Et l'ombre épaisse s'est accrue,
Et nul ami, dans l'avenir,
Ne cherchera pour la bénir
Ton œuvre avec toi disparue !

IV

Ah ! silence ! l'oubli n'est pas fait pour nos cœurs !
Qu'importe que le temps ait refroidi sa cendre,

Que son ombre ait gémi sous d'injustes rigueurs,
Si le *Mutilé* sort, à nos accents vainqueurs,
Du noir sépulcre obscur pour n'y plus redescendre !

Regardez, c'est pour lui ces apprêts glorieux,
Ecoutez ! c'est son nom que fête et que célèbre
La foule bénissante accourue en ces lieux.
— Et des fleurs dans la main et des pleurs dans les yeux,
Chacun se presse autour du monument funèbre.

   Gloire au chantre du sol natal !
   Qu'enfin l'avenir le possède !
   Et qu'en dépit du sort fatal
   Dayot soit sur le piédestal
   Où Parny déjà le précède !

V

Et toi, belle cité, ville aux nobles transports,
Je te salue et t'aime, ô molle ville assise
Au pied du Bernica ! Quand je vois sur tes bords,
Où l'azur de la mer et du ciel fraternise,
Ton peuple de vivants se pencher vers tes morts.

« Messieurs,

« Je vous remercie tous de l'empressement que vous avez mis à assister à l'inauguration de ce tombeau, qui va renfermer les cendres de notre compatriote Dayot.

« Je remercie la municipalité de Saint-Paul qui,

elle aussi, a généreusement contribué à élever ce monument en offrant à la souscription coloniale le terrain sur lequel il est construit.

« Personne ne fut plus digne de l'honneur que l'on rend, aujourd'hui, à Dayot.

« Personne n'aima plus son pays et surtout sa ville natale.

« Tout a été dit sur la vie et le talent de Dayot. Ses amis, en faisant imprimer ses œuvres, se proposaient un double but : sauver de l'oubli ses écrits pleins de sève et d'originalité, et élever un tombeau pour y laisser reposer ses cendres.

« Ce double but est atteint, grâce à ses compatriotes.

« Dayot a été un esprit original, un publiciste distingué, à qui il n'a manqué qu'un théâtre plus vaste pour laisser une trace durable dans les lettres.

« Il était poète par nature, et publiciste pour satisfaire aux besoins de la vie.

« La muse a besoin de loisirs ; les nécessités journalières enchaînent son essor et arrêtent sa verve !

« Faute d'un peu d'or, que de trésors ont été perdus !

« Chacun a sa croix dans ce monde ; celle du pauvre *Mutilé* a été trop lourde ; il a succombé sous le fardeau.

« Aussi, ses compatriotes oublieront-ils ces

paroles d'amertume et de désespoir qui lui échappaient quelquefois pendant la lutte de tous les jours.

« La renommée d'Homère et de Milton, ces immortels aveugles, ses illustres maîtres dans la divine science et le malheur, aurait dû lui apprendre que la postérité venge les injustices humaines infligées aux poètes malheureux en leur tressant une couronne impérissable.

« Rassuré par ce consolant souvenir, il n'aurait pas dû jeter à ses compatriotes ce reproche immérité :

« Dans ce monde où tout naît, tout vit et doit mourir,
« Que laisserai-je ? rien, pas même un souvenir.

« Plus heureux qu'Homère, tu auras, cher Dayot, un tombeau où reposeront tes restes mortels ; ton souvenir impérissable sera gravé dans nos cœurs comme ton nom l'est sur cette pierre, que t'a élevée la mémoire reconnaissante de tes compatriotes. »

UN RÊVE EN 1872

RACONTÉ EN AVRIL 1881

C'ÉTAIT un mercredi d'avril, pendant l'une de ces nuits, les dernières de l'été, qui ne procurent au voyageur fatigué et accablé par la chaleur du jour, qu'un sommeil lourd et agité, que j'eus le rêve que je vais raconter :

J'étais allé la veille à la Pointe-des-Galets pour y assister à l'une de ces chasses si productives que l'on fait sur ce terrain giboyeux, y passer la nuit et me trouver dispos de bon matin ; après une courte invocation à saint Hubert, je m'endormis.

A peine étais-je dans les bras de Morphée, que mon imagination voyageait dans le domaine de l'impossible et de l'inconnu.

Je rêvai que je me promenais sur la jetée Ouest du port ; que les travaux avançaient lentement, mais sûrement. Je voyais les blocs, qui, dit-on, avaient été déplacés par les derniers raz-de-marée, et dont les numéros d'ordre avaient été reconnus jusque dans le port de Maurice, se ranger et se tasser, sans le moindre effort ni la moindre difficulté, sous la gigantesque action du Titan.

Je traversai, dans une embarcation, le bassin qui forme l'entrée du port ; je glissai près de la drague qui continuait avec facilité son œuvre, dans le terrain peu résistant qu'elle a à creuser.

Le dieu du sommeil continuait à me bercer dans cette douce illusion, je crus entendre le sifflet d'une locomotive destinée à entraîner un wagon que le chef de l'exploitation du chemin de fer faisait préparer pour transporter les hôtes qui avaient pris part au repas que le directeur des travaux du port et du chemin de fer avait offert à M. le Gouverneur et à M. le Directeur de l'Intérieur : tous étaient joyeux de faire partie de ce train improvisé. Comble du rêve, j'entendis le bruit de la locomotive, et une voix bien timbrée, criant les mots sacramentels : « En voiture, Messieurs ! En voiture, les voyageurs pour le tunnel ! »

Le train partait d'abord avec une vitesse de 25 à 30 kilomètres à l'heure, puis se ralentissait en traversant le village de la Possession, et arrivait à l'entrée du tunnel.

J'allais m'éveiller lorsque je vis, dans mon rêve, s'avancer un petit chariot destiné à emporter les voyageurs qui continuaient leur route vers

Saint-Denis. Ce parcours sur rails devait être de deux kilomètres environ.

Faible cervelle humaine, peut-elle être ainsi le jouet d'une pareille hallucination ?

A ce moment, je crus encore entendre la locomotive qui arrivait de sa course imaginaire faite du port au tunnel ; non, c'était la voix rauque et éraillée, tant soit peu avinée de notre piqueur Cocq qui venait m'appeler pour la chasse.

O rêve ! ô illusion ! puisque vous nous bercez si agréablement et nous donnez le bonheur parfait, que ne durez-vous toujours ?

Le charme était rompu ; il ne restait que la triste vérité : la jetée que j'avais vue en voie d'achèvement n'était que quelques pierres de la rivière des Galets jetées çà et là par le courant de la dernière avalaison, pierres sur lesquelles les blanchisseuses du voisinage continuaient leur classique lessive ; le Titan n'était rien autre chose qu'une volière renfermant quelques oiseaux captifs ; la drague, une pirogue de pêche rôdant autour de la pointe, en quête de l'appât que le pêcheur matinal recueille au lever du jour ; la locomotive, la marmite dans laquelle le gardien de bœufs de l'endroit faisait cuire son maigre repas.

Suprême illusion ! Pauvre humanité !

Ce que dans mon sommeil j'avais pris pour l'entrée du port et les bassins n'étaient qu'une mare fétide où barbotaient quelques canards !

puis la vaste plaine couverte de piquants blancs.

Ce rêve que les sages de la colonie auraient taxé à l'époque d'illusion saint-pauloise, n'est-il pas la réalité ?

Je revins bredouille de ma chasse, heureux néanmoins de ce que j'avais cru voir.

DANS L'INTÉRIEUR DE LA MONTAGNE

O vous, curieux du pittoresque, ami du merveilleux, tâchez de pénétrer dans le tunnel qui traverse la falaise séparant la Possession de Saint-Denis, long tuyau de 10,450 mètres, ayant une surface de 20 mètres, dont le creusement a donné un déblai de 209,000 mètres cubes de pierres cassées et émiettées. Là, au moyen d'un petit plateau, nommé *truc*, monté sur quatre roues emboîtées sur la voie ferrée, et poussé à mains d'hommes, plateau que recouvre une planchette supportée par deux caisses où peuvent prendre place trois ou quatre voyageurs, vous parcourez, avec une vitesse quelquefois vertigineuse, ce massif de rochers creusé sans l'aide d'aucune machine, seulement par le patient travail du pic et de la massette.

Ce véhicule *diablotin*, précieux avant-coureur du commode et spacieux vagon, circule dans l'obscurité éclairée par deux lampes de mineur accrochées sur le devant, et par la lueur de celles des travailleurs que l'on aperçoit de temps en temps, dans le lointain, semblables à des feux-follets qui s'agitent de tous côtés dans cette immense excavation.

Notons, en passant, que notre tunnel est le troisième, par ordre de longueur, de tous ceux creusés jusqu'à ce jour : celui du Saint-Gothard a 18 kilomètres ; celui du Mont-Cenis 14 et le nôtre 10 1/2.

Une température humide, rafraîchie par la rapidité de la course, vous fait songer malgré vous au froid du caveau.

En se voyant transporter ainsi, comme dans une nuit éternelle, l'on songe au voyage extraordinaire au centre de la terre, raconté avec tant d'humour et d'esprit par J. Verne.

Le diablotin dont nous avons parlé est mis quelquefois, par MM. les ingénieurs du chemin de fer, à la disposition des rares privilégiés, pressés de se rendre à Saint-Denis. Quand je dis que quelques rares privilégiés seuls jouissent de ce précieux avantage, d'user par anticipation de la voie ferrée, je n'entends pas donner à cette observation la forme d'un reproche ; au contraire, il est certain que si la complaisance de ces Messieurs était mise plus souvent à contribution, le fréquent voyage du petit *train-plaisir* aurait cet inconvénient non seulement de gêner les derniers travailleurs à écrêter le dôme du tunnel, et à en régler la voie, mais encore, il ne serait pas sans danger circulant au millieu des pelles, des pioches et du ballast qui encombrent la voie et ses abords.

Notre récit n'a qu'un but : de raconter nos impressions rapportées de ce voyage original et intéressant, exécuté, grâce à l'obligeance de MM. les ingénieurs du chemin de fer, à qui nous adressons nos éloges les plus sincères pour le bon et surprenant achèvement du tunnel commencé en avril 1879, et dont les solides parois procureront au voyageur une voie sûre en toutes saisons. L'ombre éternelle qu'on y rencontre le fera jouir d'une température toujours fraîche, même pendant l'été.

Le gouverneur Hubert de Lisle, avait aussi songé à creuser un tunnel de dimension démesurée, travail très coûteux et complètement inutile, si ce n'est qu'à établir une poudrière humide et hors d'état de servir à sa destination.

Ce monument inachevé a même gêné les travaux du chemin de fer.

Que l'on me permette de faire une excursion dans le passé, et de comparer ce précieux mode de locomotion, dont nous allons être gratifié beaucoup plus tôt que nous le supposions, avec celui long, fatigant et dangereux que le malheureux voyageur avait à subir pour se rendre à Saint-Denis.

Qu'il y a loin de ce genre de transport au sentier à peine tracé que le gouverneur de Lahure suivait en 1671, et dans lequel il se faisait porter en manchil, de Saint-Paul à Saint-Denis, par les créoles réquisitionnés ? sentier problématique d'après Pajot, affirmé par l'abbé Davelu, curé de Saint-Paul pendant cinquante ans, et qui, dans son long apostolat, a écrit des notes intéressantes sur les origines de la colonie ; M. Davelu mourut à Saint-Paul en 1814.

A cette époque, l'on voyageait à pieds, en manchil ou en pirogue ; le cheval n'avait pas été encore inventé ; et qu'en aurait-on fait dans un pays sans routes et couvert de forêts presque impénétrables ?

Le premier balisage remontant à 1730, il est à présumer que le sentier imaginé, peut-être un peu prématurément par l'annaliste Davelu ne doit dater qu'à partir de cette dernière époque.

En 1735, Labourdonnais fit tracer des routes qui, par ordre administratif, devaient être plantées en chiendent, macadam de l'époque.

Vers 1768, M. l'ordonnateur de Crémont, l'un de nos administrateurs les plus actifs et les plus intelligents à qui la colonie doit ses premiers et ses plus importants travaux d'utilité publique, notamment la belle chaussée de Saint-Paul, la distribution des eaux dans Saint-Denis, nos magasins, etc., établissait sur les sentiers tracés dans la colonie depuis 1735, entre les quartiers alors créés : Sainte-Suzanne, Saint-Denis, Saint-Paul, Saint-Leu, Saint-Louis et Saint-Pierre, ce chemin pavé dont on trouve encore les traces, et appelé à tort chemin des Anglais. Ce rude chemin, que nous trouvons aujourd'hui bien défectueux, était alors un progrès ; car, non empierré, il ne résistait aux pluies de l'hivernage, et devait rendre la circulation impossible à cette époque de l'année.

En 1820, sous l'administration de M. de Richemont Desbassyns, on construisit la route carrossale, dite chemin de ceinture ou de stratégie qui mettait Saint-Paul en communication avec Saint-Denis ; elle a coûté fort cher ; elle n'avait pas sa raison d'être, elle n'a pas rendu de grands services, car l'on s'en sert rarement ; elle fut achevée vers 1850.

En 1874, sur l'initiative de M. Laugier, directeur de l'Intérieur, on construisit la route du littoral à laquelle on a donné, avec raison, le nom de cet administrateur ; cette corniche, que l'on ne parcourt pas sans dangers à certaines époques de l'année, assure au moins, en cas de mauvaise mer, les communications entre Saint-Paul et Saint-Denis, et l'approvisionnement de la capitale.

C'est toujours la route préférée du pauvre, elle n'est certainement pas, comme l'ont prétendu certains grands économistes coloniaux, *une route d'invention saint-pauloise*, son utilité est incontestable en tout temps et surtout pendant l'époque des raz-de-marée. La compagnie du port et du chemin de fer a été très heureuse de la trouver établie pour lui faciliter ses travaux de déblais.

Malgré ces différents moyens de communication, l'on se sert de préférence de la voie de mer, mode de voyage lent mais économique. Longtemps le progrès resta stationnaire quant à ce moyen de transport souvent interrompu par les raz-de-marée.

En 1875, un industriel établit un service de chaloupe à vapeur qui améliora beaucoup le voyage fait alors par bateaux à rames.

Que sera-ce bientôt quand la voie ferrée sera entièrement mise à la disposition du public, et qu'elle ouvrira à la colonie une ère nouvelle de progrès et de prospérité en dépit des prédictions sinistres ou malveillantes qui n'ont pas été épargnées à cette œuvre gigantesque dont nous a si généreusement gratifié la République?

Nous comprenons dans ce volume la notice littéraire suivante sur Bosse. L'amitié la plus étroite nous unissait à ce camarade d'enfance, amitié que la mort seule a pu rompre.

En faisant cette publication commune, nous continuons notre fraternelle affection, et nous nous présentons à nos lecteurs, en nous tenant la main, même au delà de la tombe.

C.

NOTICE LITTÉRAIRE

SUR

J.-M. BOSSE

PAR FRANÇOIS SAINT-AMAND

I

Dans une brochure publiée il y a quelque vingt ans par un ancien journaliste de Saint-Denis, on lit ces mots : Bourbon est un nid de poètes. L'auteur aurait pu ajouter : Saint-Paul est, de tous les quartiers, celui qui a fourni le plus de perles à cette riche couronne. Sans parler de Parny, né dans le siècle dernier, dont les élégies passeront à la postérité comme celles de Tibulle, Saint-Paul voit un de ses fils, Leconte de Lisle, occuper le premier rang parmi les poètes contemporains. Je ne veux pas redire tout le bien que je pense et que j'ai déjà dit d'Eugène Dayot; n'eût-il produit que la Hache et le Mutilé, il mériterait d'être compté parmi nos illustrations créoles.

Voici maintenant un nom tout-à-fait inconnu

encore comme poète, sauf de quelques rares amis, confidents discrets de ses œuvres littéraires, J. M. Bosse. Celui-ci a eu le tort ou peut-être le malheur, de ne pas cultiver plus à son aise le talent poétique qu'il reçut de la nature ; il y avait en lui l'étoffe d'un véritable artiste doué des plus précieuses qualités. La chanson, l'élégie et la satire surtout ont trouvé en lui un aimable et gracieux interprète. On peut bien lui reprocher une forme trop négligée, parfois incorrecte, mais ses vers, il ne les destinait pas à l'impression ; il n'a jamais songé à les confier au vent de la publicité.

Je ne sais si je dois aujourd'hui leur imposer ce juge qu'on appelle le public, et dont la sentence reste définitive. Quoi qu'il en soit, j'obéis à la voix de quelques fidèles amis de Bosse et à celle surtout de ma conscience en donnant, dans ce journal, à ses productions une publicité posthume qu'elles méritent, et qui, sans doute, réjouira le défunt dans sa tombe.

Dans les chansons de Bosse règnent un aimable laisse-aller, une délicatesse de pensées, une finesse d'expressions que l'on aime à trouver dans ce genre éminemment français. Le refrain, toujours gai, est toujours parfaitement amené. Lisez plutôt ces couplets chantés à la noce de E. C., intitulés : *La Noce d'un ami*.

Air du Grenier

Amis, chantons en ce beau jour de fête,
Où tant de cœurs sont heureux à la fois,
Chantons ensemble et que chacun s'apprête
Pour mon refrain à m'apporter sa voix.
Ce gai refrain, je m'en vais vous l'apprendre,
Mais qu'il ne soit point redit à demi,
Que de partout ce cri se fasse entendre,
C'est aujourd'hui la noce d'un ami.

⁎
* *

Douce amitié, sur les bancs de l'école
Tu commenças avec nos premiers jours ;
Ce temps est loin, ma foi, je m'en console ;
Douce amitié, tu nous unis toujours !
C'est aujourd'hui toi qui montes ma lyre ;
Sifflez mes vers, cela vous est permis ;
Mais avec moi continuez à redire :
Nous marions le meilleur des amis.

⁎
* *

Si quelquefois, par excès de prudence,
Il ne dit pas souvent tout ce qu'il fait,
Reconnaissons au moins qu'il se dispense
De raconter des autres ce qu'il sait ;
De là lui vient, mais ce n'est point un blâme,
Certain surnom : on l'appelle Aramis,
Il est discret, et parbleu je proclame
Que c'est bien le meilleur des amis

⁎
* *

Vous dont l'éclat de la blanche couronne
Répand sur nous tant de reflets joyeux,
Que votre cœur toujours bon nous pardonne
D'oser pour vous former ici des vœux.
Que le bonheur partout vous accompagne
Notre souhait n'est pas fait à demi ;
N'êtes-vous pas, devenant sa compagne,
Pour tous ici, la moitié d'un ami ?

*
* *

Dans tous les temps à l'amitié fidèle,
Jamais avec lui l'amour n'aura tort,
Des bons maris il sera le modèle,
Sans m'avancer je puis m'en porter fort,
Combler vos jours de joie et de tendresse,
C'est devant Dieu ce qu'il vous a promis :
Croyez, Madame, à sa sainte promesse ;
C'est le serment du meilleur des amis.

*
* *

Rien qu'à chanter si bientôt on s'altère,
Chacun de nous n'a-t-il pas sous la main
Ce jus divin dont le roi de la terre
Bien inspiré, dota le genre humain ?
Buvons aussi, buvons jusqu'à l'ivresse.
Que rien ici ne soit fait à demi,
Et redisons dans un cri d'allégresse :
C'est aujourd'hui la noce d'un ami.

Voici maintenant une autre poésie inspirée par le mariage d'un ami ; mais les accents ne sont plus les mêmes, ce n'est plus une chanson ; c'est une prière, écoutez-la :

PRIÈRE

Dieu, dans ta bonté souveraine,
   Daigne exaucer nos vœux :
   Bénis les tendres nœuds
De deux cœurs que l'amour enchaîne ;

Que leur bonheur soit sans mélange.
   Seigneur, pour cet hymen,
   En joyeux lendemain
Qu'un jour joyeux toujours se change.

Secouant sa douleur profonde,
   Une mère aujourd'hui
   A pu voir sans ennui
Briller l'astre éclatant du monde ;

Ah ! prends pitié de sa souffrance,
   Mon Dieu, sèche ses pleurs ;
   Verse sur ses douleurs
Les doux rayons de l'espérance.

A votre fils, vierge Marie,
   Portez nos pieux accents
   Pour deux de vos enfants :
A cette heure ici chacun prie.

Quelqu'un aussi dans les cieux chante
   Et te dit : Dieu Sauveur,
   Bénis-la, c'est ma sœur,
Entends sa voix, elle est touchante.

Echos de la voûte éternelle,
Nous le disons du fond du cœur ;
Veille, mon Dieu, veille sur elle
Et bénis-la, c'est notre sœur.

Comme sentiments, comme pensées venant du cœur, comme expressions vraies d'une amitié sincère, on ne peut rien ajouter à ce morceau, et l'ami à l'intention duquel il a été composé, doit le lire souvent avec un doux plaisir plein de mélancolie.

Voici maintenant une élégie. On reconnait dans l'auteur un talent qui, dans ce genre de littérature, n'aurait eu besoin que d'être cultivé pour égaler celui du maître.

ÉLÉGIE

Aujourd'hui tes seize ans vont sonner, mon amie,
Et peut-être aujourd'hui tu verras, tour à tour,
Tes fidèles venir t'apporter, Eugénie,
Leurs vœux avec des fleurs, fêtant cet heureux jour.

En t'offrant un bouquet de tes sœurs printanières,
Pour moi, qui t'aime aussi, j'aurais voulu comme eux
Sous mes lèvres fermer tes charmantes paupières,
Et couvrir de baisers ton front, tes noirs cheveux.

Cette joie est pourtant à mon cœur refusée,
Depuis l'heure maudite où ton fatal billet,
Funeste coup du sort, à ta mère abusée,
Livra le dernier mot de notre cher secret.

Quand la nuit autrefois nous couvrait de ses voiles,
Te souviens-tu, dis-moi, de ces transports heureux,
Qui n'avaient pour témoins que les blanches étoiles,
Ces discrets confidents de nos jeux amoureux ?

Le charmant souvenir de ces douces pensées,
Vers ces temps de bonheur me ramène parfois,
Mais le présent, hélas! me rappelle à sa voix
Et mon rêve s'enfuit sur ses ailes brisées.

Oui, la coupe est vidée où je buvais l'amour,
Instants doux et bénis, reparaissez encore;
Par vous mon âme à peine entr'ouverte à l'aurore
S'est tristement fermée avec les feux du jour.

Car ce jour, Eugénie, empruntait sa lumière
Aux soleils que l'on voit rayonner en tes yeux.
Ces astres dévoyés de leur route première,
Dans mon ciel assombri ne montrent plus leurs feux.

Il nous reste maintenant à faire connaître Bosse dans le genre de la satire. Là, il eût excellé, s'il l'eût voulu. J'aurais désiré vous faire passer sous les yeux sa satire d'Amadis qui est un vrai chef-d'œuvre de finesse et de gaie malice; mais je suis obligé de garder le silence sur cette production; le personnage comique, si admirablement représenté dans les vers de Bosse, est encore vivant et n'a joué, dans ce pays, aucun rôle politique ou littéraire qui me permette d'accepter la responsabilité de livrer sa photographie à la malignité du public. Pour dédommager mes lecteurs et pour leur faire connaître ce côté du talent de Bosse, je leur donne à lire le Nain Fier-à-Bras.

Air du Marquis de Carabas.

Dans notre ciel serein
Un point noir se montre soudain;
Voyez, se disait-on,
Cette tache à notre horizon.
O pressentiments
De nouveaux tourments !
Chacun inquiet
Tout bas demandait :
Mon Dieu ! quel embarras
Nous tombe encore sur les bras !

Et puis en regardant
Avec un verre grossissant
On put apercevoir
Ce qu'était enfin ce point noir,
Cet objet hideux
Qui frappe les yeux,
Sujet de chagrin.
Ah ! c'est bien certain ;
L'objet que l'on voit là-bas,
C'est le petit nain *Fier-à-bras*.

Cruelle vérité,
Comment l'avez-vous mérité?
Mes amis, sur ma foi !
Oui, je partage votre émoi ;
Car ce que l'on voit
Long comme le doigt,
Funeste cadeau
Pour tout le troupeau,
Ce que l'on voit là-bas,
C'est le petit nain *Fier-à-bras.*

Admirez ce géant,
Sur ses talons se dandinant,
Avec ses gros dossiers
Qui lui promettent des lauriers,
Vers notre palais
Cherchant des succès,
Il marche d'un air
Conquérant, et fier.
Salut et chapeau bas
Pour le petit nain *Fier-à-bras*.

Voyez ce bilboquet,
Maître des foudres du parquet ;
Un vent de défaveur
Le ramène ici procureur ;
Du haut de son banc
Jupiter tonnant
Fait vibrer sa voix,
Encore une fois
Silence et chapeau bas,
C'est le petit nain *Fier-à-bras*.

Je ne connais J. M. Bosse que par les éloquentes paroles prononcées naguère sur sa tombe ; je savais que c'était un homme de cœur et d'intelligence ; mais j'ignorais que la fibre poétique avait tressailli en lui. Un de ses meilleurs amis m'a communiqué le manuscrit, trop léger, hélas ! auquel il avait confié ses productions poétiques. Je me suis dit alors que, moi aussi, je paierais mon tribut de regrets à cet ami inconnu, à cet ami dont je n'avais jamais pressé la main. Cette promesse que je m'étais faite à moi-même, je la tiens aujourd'hui, heureux si je puis ajouter aux louanges justement méritées décernées à Bosse mes éloges pour son talent poétique ; heureux si je puis faire vivre son nom après les illustrations fournies par Saint-Paul, ce quartier où la nature entière inspire et développe le sentiment poétique.

(*Extrait du Nouveau Salasien du 11 février 1880.*)

II

Je croyais avoir suffisamment établi les titres de J.-M. Bosse à une place modeste mais enviable encore dans notre pléiade poétique ; les pièces extraites de son précieux manuscrit justifient mon estime pour lui, et les éloges que je n'ai pas craint de lui adresser. Mais voici que plusieurs de ses amis, non pas ceux du nombre étroit de l'intimité, plusieurs connaisseurs en littérature, et ils sont encore assez nombreux à Bourbon, tout en nous adressant leurs sympathiques félicitations sur notre initiative, nous ont reproché de n'avoir pas puisé plus largement dans la mine ouverte devant nous. Nous remercions les uns et les autres de l'accueil bienveillant qu'ils ont fait à notre publication, et nous réparons, autant qu'il est en notre pouvoir, notre tort, bien involontaire sans doute. Si nous n'avons pas publié plus tôt les œuvres de Bosse que nous avions entre les mains, c'est que nous n'étions pas sûr de nous-même, nous craignions d'imposer au lecteur une quantité trop grande des productions de notre poète regretté.

Voici d'abord un sonnet dédié à la petite Jeanne Georges. Pour l'intelligence parfaite de ce morceau laissez-moi vous dire quelques mots de Jeanne Georges. A l'époque où ce sonnet fut composé, Jeanne Georges était une enfant d'une intelligence précoce, montrant des aptitudes rares pour la scène comique. Son père, comique lui-même, dirigeait alors les débris d'une troupe dramatique que l'on a eu l'occasion d'applaudir à Saint-Paul ; cette charmante enfant rappelait aux vieux amateurs de théâtre la petite Léontine Fée, prodige du vaudeville à Paris qui depuis a justifié les promesses de ses débuts.

Sonnet.

A JEANNE GEORGES

Oui, bien souvent j'eus recours à la rime
Rour dire aux gens ce que je pensais d'eux :
Mais la satire est mon penchant fâcheux,
Et quelquefois on m'en a fait un crime.

Tu triomphas du démon furieux ;
Charmante enfant, ton effort fut sublime ;
En te voyant il rentre dans l'abîme,
Les yeux fixés sur la route des cieux.

Si dans sa fuite, et séduit par tes charmes,
Il a laissé choir à tes pieds ses armes,
Je les relève, et je veux m'en servir

Pour corriger le méchant téméraire
Qui, dédaignant ton talent pour nous plaire,
A tes succès ne voudrait applaudir.

Malgré Boileau qui a fait un éloge si exagéré du sonnet, ce genre de poésie a été discrédité pendant un certain temps. Il a repris faveur avec l'école romantique. Quoiqu'il ne mérite pas tout le bien qu'en a dit le législateur du Parnasse, il offre des difficultés qu'il n'est pas donné à tout le monde de surmonter, et Bosse est un des heureux vainqueurs dans ce genre.

Voici le deuxième sonnet adressé encore à la charmante enfant dont nous avons parlé plus haut :

A JEANNE GEORGES

Quand vingt printemps poseront sur ta tête
Tous les attraits dont tu dois hériter,
Pour le public qui viendra t'écouter,
Comme aujourd'hui ce sera jour de fête.

Vers le passé daigne te reporter,
Et souviens-toi que moi, méchant poète,
De tous ici me faisant l'interprète
Sur l'avenir t'engageais à compter.

Pour ce plaisir qu'aujourd'hui tu nous donnes,
D'autres alors t'enverront des couronnes ;
Mais, à défaut d'un assez grand cornet,

Nous t'envoyons, ô petite merveille,
De doux bonbons une pleine corbeille,
Accompagnés de ce double sonnet.

C'est frais, c'est gracieux, c'est aimable, comme la jeune enfant qui a été dans la circonstance l'inspiratrice du poète. Ceux qui ont connu Bosse peuvent dire en lisant ces deux morceaux : le style c'est l'homme, tant il y avait de grâce, d'amabilité, quelque chose de gentilhomme enfin dans la personne de ce brillant créole.

J'ai déjà parlé du mérite de Bosse comme chansonnier ; la chanson était, après la satire, sa veine véritable. C'était là qu'il devait se faire un nom sérieux dans les lettres, s'il eût cultivé ces deux genres pour lesquels il avait tant d'aptitude.

A UN AMI LE JOUR DE SA FÊTE
Air : *La Bonne Aventure.*

Pour la fête d'un ami
Que chacun s'empresse
De lui donner aujourd'hui,
Preuve de tendresse ;
Pour moi c'est le bonheur
Que de me mêler ici
A cette aventure. O gué,
A cette aventure.

Que pouvons-nous demander
A l'Être suprême
Qu'il ne lui veuille accorder
En cet instant même ?
Mais que lui font tous nos vœux ?
N'est-il pas le plus heureux
En cette aventure, ô gué !
En cette aventure ?

Il possède, c'est certain,
Femme ravissante,
Et pour combler son destin,
Fille surprenante ;
Laissons donc là tous nos souhaits,
Et dévorons les sorbets,
La bonne aventure, ô gué !
La bonne aventure.

Lucien a le ventre rond,
La jambe fluette ;
Mais comme il a le cœur bon,
Cela se rachète ;
Sous ces rapports cependant
Souhaitons-lui franchement
Meilleure aventure, ô gué !
Meilleure aventure.

Voici une autre chanson adressée à ce même ami, et qu'on lira avec non moins de plaisir que la précédente.

A MON AMI LUCIEN, LE JOUR DE SA FÊTE

Sur l'air du vieux drapeau.

A chanter, puisque tout m'invite,
Je m'en vais essayer soudain
De monter mon luth au plus vite
Sur le ton d'un joyeux refrain.
J'aime à chanter, à rire, à boire,
Sur l'amitié j'aime à compter,
Car à l'amitié l'on doit croire
Pour être heureux, rire et chanter.

Sous ce toit où dès notre enfance,
Sans nul souci du lendemain,
Dans une heureuse indifférence,
Nous allions, nous donnant la main,
Sur le temps ayant eu victoire,
Aux amis je bois sans compter;
Car à l'amitié l'on doit croire,
Pour être heureux, rire et chanter.

Sainte amitié! que de misère
Ton culte épargne au genre humain!
Souvent la vie est bien amère
Quand tu n'es pas sur le chemin
Pour nous crier que la victoire
A travers tout peut nous rester,
Qu'à l'amitié, si l'on veut croire,
On peut toujours rire et chanter.

Sainte amitié! tu nous consoles,
Quand, abreuvés de déceptions,
Nous voyons tomber ces idoles
Que nous nommons nos illusions.
Ton bras nous montre la victoire,
Et ta voix nous fait y compter,
Pour te fêter je tiens à boire,
En ton honneur j'aime à chanter.

Souvent, hélas! si quelque brume
Répand son ombre sur notre ciel,
Et si le cœur plein d'amertume
Nous avons soif d'un peu de miel,
Ah! faisons verser à boire
Dans la coupe où je vais goûter
Pour être exempt de déboire,
Pour être heureux, rire et chanter.

> Sachons conserver l'héritage
> Que nous ont laissé nos aïeux
> Et le transmettre d'âge en âge
> En le léguant à nos neveux;
> Entre eux nos enfants pourront boire
> A l'amitié sans hésiter,
> Et nous leur apprenons à croire
> Que c'est ce qui nous fait chanter.

Plus d'un mois s'est écoulé depuis la publication de mon premier article sur J.-M. Bosse ; j'ai fait connaître qu'il avait composé une satire intitulée : « Amadis » et j'ai indiqué les motifs qui m'ont empêché de la publier dès l'abord; mais ces motifs n'existent plus. Aujourd'hui, malheureusement pour Amadis, heureusement pour nos lecteurs qui pourront apprécier ce côté du talent de Bosse que je regrettais de ne pouvoir mettre en lumière, je tiens de source certaine que le grand Amadis, le Paladin des Gaules, a rendu son âme à Dieu, depuis quelque temps déjà, qu'il est mort sans postérité, et par conséquent je ne dois plus garder de scrupule sur cette publication trop longtemps retardée.

Voici donc Amadis sous son armure d'acier, botté, éperonné, flamberge au vent, prêt à pourfendre les géants présents et à venir y compris les moulins à vent.

Sur l'air de : Les Louis d'or de P. Dupont.

Le soir, au pont de la chaussée,
Gais promeneurs avez-vous vu,
Une fille à la taille élancée,
Dont le nom vous est bien connu ?
A ses côtés dandine et saute
Sur ses talons un damoiseau
Qui n'est pas plus haut qu'une botte,
En y comprenant son chapeau.
Ce nain tout rempli de lui-même,
Jouant le rôle d'Amadis
Se croit plus fort que Polyphème,
Plus séduisant qu'un Adonis.

La nature, dans le partage
Des dons qu'à chacun elle a faits,
Négligea notre personnage,
Et l'a classé dans les plus laids.
Elle lui donna la figure
D'un véritable diablotin,
Et le forma pour la structure
A l'image de Ragotin.
Pourtant tout rempli de lui-même,
Ce nain, qui pose en Amadis,
Se croit plus fort que Polyphème
Plus séduisant qu'un Adonis.

Ce myrmidon se met en tête
Qu'il soutient seul tout l'univers,
Et que sans lui notre planète
Irait à l'instant de travers.
Il va, montrant comme un trophée
De ses exploits de galantin,
L'enfant de quelque vieille fée
Dont il s'est fait le parrain ;

Car il est tout plein de lui-même
Ce nain qui, faisant l'Amadis,
Se croit plus fort que Polyphème,
Plus séduisant qu'un Adonis.

Je voudrais, s'il était possible,
Sous l'uniforme des pompiers,
Voir ce nouveau « Défunt terrible »
Coiffé d'un casque de deux pieds ;
Ou, ma foi, par un tour habile
Je voudrais bien, pouvoir encor
Montrer aux enfants de la ville,
En habit de tambour major,
Ce nain, qui, tout plein de lui-même,
Et prenant des airs d'Amadis,
Se croit plus fort que Polyphème,
Plus séduisant qu'un Adonis.

Il veut, je crois, prendre sa place
Sous la bannière des époux.
De propager pareille race,
Peut-on vraiment être jaloux ?
Vous que, dit-on, il a choisie,
Laisserez-vous Petit Poucet,
Réaliser sa fantaisie,
Et délacer votre corset
Par ce nain qui plein de lui-même,
Et prenant des airs d'Amadis,
Se croit plus fort que Polyphème,
Plus séduisant qu'un Adonis ?

Il faudra, parbleu, je le gage,
Et c'est l'opinion de chacun,
Après un mois de mariage
Abandonner le lit commun.

Pourquoi? me direz-vous peut-être,
Car malgré votre douceur,
Vous allez bientôt reconnaître
Combien il est mauvais coucheur
Ce nain qui, tout plein de lui-même,
Et prenant des airs d'Amadis,
Se croit plus fort que Polyphème,
Plus séduisant qu'un Adonis.

Je m'arrête, heureux d'avoir une seconde fois, encore adressé mon fraternel salut à ce mort qui pourra désormais redire dans sa tombe avec mon vieil ami Horace, cette douce et consolante parole : *Non omnis moriar*.

(Extrait du *Nouveau Salazien* du 6 mars 1880.)

TABLE DES MATIÈRES

Découverte de l'Ile. Premier établissement. 7
Ravine à Malheur, ravine à Marquer, ravine d'Hibon. 19
Coup d'Etat, etc., Henri-Habert de Vauboulon. . . . 32
Procès du R. P. Hyacinthe. 40
Noms des quartiers, histoire et légende. 90
Plan du quartier Saint-Paul. Pointe des Galets. . . . 111
Le Centenaire de l'église de Saint-Paul 120
Parny. 127
Les Anglais à Saint-Paul, 1809 137
Annexe, levée du cadavre du général Des Brulys . . . 178
Prise de l'Ile 1810. 183
Occupation anglaise, rétrocession 1814 206
Tumulus des trois roches 225
Télégraphe électrique. 232
Port et chemin de fer 252
Annexe. 263
Câble télégraphique sous-marin, sondages dans la
    baie de Saint-Paul. 282
Les embarras des ponts de Saint-Denis. 293
La nuit terrible 299
Une héroïne créole. 306
Inauguration du tombeau de Dayot. 310
Un rêve en 1872. 317
Dans l'intérieur de la montagne. 321
Notice sur Bosse. 328

DIJON, IMPRIMERIE DARANTIÈRE

www.ingramcontent.com/pod-product-compliance
Lightning Source LLC
Chambersburg PA
CBHW050800170426
43202CB00013B/2505